Detlef Hartlap

Das fremde Land

Ostfriesland für Liebhaber

verlegt bei
Soltau-Kurier-Norden

Es fotografierten
für dieses Buch:
Hans H. Weißer, Hans Kolde,
Paul-Anton Tepe, Siegfried Wilke,
Otto Bernhard Lapann, Rudolf Strobel,
Werner Hartig, Alfred Hansla.

Titelbild: Hans H. Weißer

Erste Auflage 1986

Alle Rechte vorbehalten,
insbesondere das Recht der Vervielfältigung
und der Übersetzung.

© Verlag Soltau-Kurier-Norden, 2980 Norden

Schrift: 9/9 Punkt Palatino
Einbandentwurf: Ulrike Behrends
Gesamtherstellung: Soltau-Kurier-Norden
Printed in Germany
ISBN 3-922365-58-2

ERSTES KAPITEL

Mein Freund Tammo

GESTATTEN SIE, daß ich Sie mit meinem alten Freund Tammo bekanntmache. Tammo ist Butenostfriese, das heißt, er lebt im deutschen Ausland, in der Nähe von Düsseldorf, um genau zu sein, und hat einen beneidenswert hochdotierten Job in der Metallindustrie – was natürlich ein weiter Begriff ist.

„Ich verdiene mein Geld mit Schrott", pflegt er zu sagen; ein bißchen Koketterie mag da mitschwingen.

Aber das soll in unserem Zusammenhang nicht weiter von Belang sein. Vielmehr möchte ich Ihnen, so gut es mir erinnerlich ist, den Inhalt eines Gespräches widergeben, das ich vor einiger Zeit mit Tammo führte, und in dessen Verlauf ich auch auf das nun vorliegende Buch zu sprechen kam. Es war damals noch nicht geschrieben.

Ich schilderte in kurzen Zügen meine Absicht, einige mittelschwere Betrachtungen zu verfassen, eine unterhaltsame Liebhaberei einerseits, andererseits tiefgreifend genug, um den Versuch einer Charakterisierung von Ostfrieslands so überaus eigentümlicher Stellung im Gesamtbild deutscher Landschaften zu wagen.

Tammos Urteil war mir wertvoll. Fernab der heimischen Deiche hatte er mit den Jahren zunehmend kritische Distanz zu Ostfriesland gewonnen, und nichts ist im Vorfeld einer solchen Arbeit wichtiger als ein nüchternes Wort aus berufenem Munde. Ich leistete dem sogar Vorschub, indem ich einräumte, daß eigentlich schon verrückt viel Literatur über Ostfriesland existiere.

„Ich glaube", sagte ich, „über keine Region in Deutschland ist soviel geschrieben worden wie über Ostfriesland."

Mit anderen Worten: Lohnte es sich überhaupt, ein weiteres Buch hinzuzufügen?

Zu meinem Erstaunen (sicher auch zu meiner Erleichterung) war Tammo ohne Einschränkung der Ansicht, daß es sich sehr wohl lohne.

„Ich wüßte gar nicht", schmunzelte er über seinen exklusiv gestylten Pfeifenkopf hinweg, „daß es zuviel Bücher über Ostfriesland gäbe; jedenfalls sind sie mir bisher nicht sonderlich aufgefallen. Und wennschon – werden sie gelesen? Schreib eins, das gelesen wird!"

Da saß er, der erfolgreiche Geschäftsmann in mittleren Jahren, in einem gediegenen Sessel und stellte sich alles so einfach vor.

„Wenn du Erfolg haben willst", sagte er großzügig, gleichsam die Regie über das Projekt übernehmend, „brauchst du vor allem einen guten Titel!"

„Das soll wohl sein", bestätigte ich und machte Anstalten, meine Titelidee preiszugeben.

Doch mit Nachdruck und Pfeife winkte Tammo ab. Er wollte nichts hören, er hatte eine eigene Idee.

„Nach meiner Meinung", sagte er, „kann das Buch überhaupt nur einen Titel bekommen – ‚Moin-Moin'!"

„Klingt nicht übel", sagte ich unsicher; vielleicht wollte er mich nur auf den Arm nehmen.

Das Wattenmeer ist das Arbeitsrevier der Fischer Gosselaar und Funk. Es ist ein tückisches Revier, das sich ständig wandelt. Vor dem langgestreckten Juist und der kleinen Vogelinsel Memmert (rechtes Foto) lagert die Osterems üppige Sandberge ab, die höher aussehen als die Inseln selbst.

„Nicht wahr!" Tammo war sehr zufrieden.

„Aber . . .", versuchte ich, „wie kommst du ausgerechnet auf Moin-Moin?"

„Ganz einfach", sagte er: „Weil es das bekannteste ostfriesische Wort ist. Kennt jeder! Auch jeder Nicht-Ostfriese! Und weil es ein freundlicher, darüber hinaus sogar ausnehmend origineller Gruß ist, der für den ganzen Tag gilt – wo gibt es das sonst? Moin . . .", er ließ es herausploppen wie einen Kaugummiball, „. . . heißt doch ‚schöner Tag', oder nicht?"

Er meinte es ernst, da gab es keinen Zweifel. Er war absolut überzeugt von der Durchschlagskraft seines Gedankens, den er grad eben erst improvisiert hatte.

„Moin-Moin ist wie ein Markenzeichen", sagte er, „ein Gütesiegel für Ostfriesland!"

Im stillen begann ich mir den Vorwurf zu machen, nicht selbst darauf gekommen zu sein. Seit Wochen plagte ich mich mit langen, erzählenden Titeln ab, die möglichst viel, wenn nicht alles umfassen sollten, was Ostfriesland mir bedeutete. Und nun kam Tammo mit seinem Moin-Moin daher. Das war gewiß ein eingängiger, also auch ein guter Titel. Zudem war es ein plattdeutscher Titel. Auch das sprach für ihn. Aber klang er nicht wie Persil? Konnte man Ostfriesland das Moin-Moin anhängen wie eine Markenbezeichnung? Sicher konnte man.

Aber ich wollte es nicht.

Ich druckste herum, äußerte meine Bedenken, auch Zweifel hinsichtlich der wahren Bedeutung des Moin. Soviel ich wußte, läßt es sich keineswegs, wie allgemein angenommen, vom altfriesischen „môj" (= schön, hübsch)

ableiten, sondern ist die Endstufe eines im Laufe der Jahrhunderte immer kürzer gesprochenen „Goden Mörgen", also eines Morgengrußes. Die berühmten Plattdeutsch-Wörterbücher des 19. Jahrhunderts (Stürenburg, ten Doornkaat-Koolman) erwähnen Moin nicht mal in Andeutungen, und selbst Wiard Lüpkes in seinem 1932 verfaßten, aber erst 1981 veröffentlichten „Ostfriesischen Wörterbuch" findet noch nicht zur heutigen Moin-Form.

„Wörterbücher . . .", pustete Tammo, „Wörterbücher beweisen gar nichts. Sie hinken der gesprochenen Sprache hinterher, oftmals um Jahrzehnte."

Das ja. Aber auch in der Literatur, wandte ich ein, die dem gesprochenen Wort doch näherstehen sollte, als lexikalische Wälzer es gewöhnlich tun, auch in der Literatur taucht Moin erst spät – nämlich 1941 – auf in Wilhelmine Siefkes' berühmtem „Keerlke"-Roman, wo zweimal mit „Moin" gegrüßt wird.

„Morgens oder abends?" wollte Tammo wissen.

„Abends", mußte ich zugeben.

„Na bitte." Tammo grinste siegreich, wie wenn er mich auf den Pfad des gesunden Menschenverstandes zurückgeführt hätte. „Ich versteh' nicht, warum du dich zierst", sagte er, „wenn ich dich in Norden anrufe, egal wann, grüße ich mit ‚Moin'; genauso, wenn du mich in Düsseldorf anrufst: Du sagst ‚Moin'! Moin ist ein Geniestreich von einem Gruß – preußisch knapp und doch plattdeutsch. Was willst du mehr? Wenn Moin Ostfriesland gut zu Gesicht steht, wird es auch auf deinen Buchdeckel passen . . . Selbst Feriengäste sagen gern Moin, es sei denn, sie wären mit ‚Grüß Gott' verwachsen. Was, bitteschön, soll überhaupt deine Wortklauberei?"

„Vielleicht ist es tatsächlich Wortklauberei", sagte ich, „aber es beweist doch auch zweierlei, erstens: Moin ist nicht das, für was es landläufig gehalten wird. Es heißt nicht ‚schöner Tag', sondern ist eine schlichte Verballhornung von ‚Guten Morgen'. Zweitens: in seiner heutigen Form gibt es diesen Gruß noch nicht sonderlich lange. Du weißt, daß man in Ostfriesland Wert auf Traditionen legt, aber nur auf wirklich gut abgegangene Traditionen. Das ist hier aber nicht der Fall. Moin-Moin

ist ein vergleichsweise neumodischer Gruß. Jedenfalls ist das kein Titel für ein ordentliches Buch!"

Tammo nahm die Pfeife aus dem Mund und lehnte sich zurück. „Du mußt es wissen", sagte er. „Was schlägst du also vor?"

Was schlug ich vor? Ich zögerte. Es war dies einer jener verwirrenden Momente, da ein Produkt, das bis dahin im stillen Kämmerlein ausgeheckt worden war und dort auch seine Richtigkeit und innere Logik zu haben schien, plötzlich, indem es der Öffentlichkeit ausgesetzt wurde (und sei es nur die Öffentlichkeit eines Gesprächspartners), alle Kraft einbüßte und reichlich unausgegoren, wie noch nicht ganz durchdacht, im Raum stand. Ich hatte mit meinem Titel jede künstliche Sensationalität vermeiden, doch aber die wahrhaft außergewöhnlichen Seiten Ostfrieslands ansprechen wollen. Aber wie protzerisch und zugleich gewöhnlich stand er mir jetzt vor Augen! Tammo würde sich totlachen.

Ich sagte: „Ich hatte mal an . . . ‚Die sieben Wunder Ostfrieslands' gedacht."

Tammo lachte nicht. Er zündelte, als ob ich gar nichts gesagt hätte, an seiner Pfeife; als er sie endlich in Gang hatte, gab er sich enttäuscht.

„Ich hatte dir mehr zugetraut", sagte er, „ich dachte, du würdest ein ehrliches Buch schreiben. Aber das – das klingt ja wie aus einem Fremdenverkehrsprospekt. Was willst du dem Leser als Wunder verkaufen? Noch ein-

7

mal die alte Störtebeker-Legende? Noch einmal die Geschichte von den schwimmfähigen Hausdächern, auf die sich die Ostfriesen flüchteten, wenn die Sturmflut das Wasser in ihre Wohnungen drückte? Willst du erzählen, daß im Winter auf den Straßen geboßelt wird? Das mag ein ulkiger Sport sein, lieber Freund, aber ein Wunder ist es nicht! Oder willst du die überaus erstaunliche Geschichte erzählen, daß die Ostfriesen ihren Nachbarn allenthalben einen Bogen aus Tannengrün an die Haustür nageln . . ."

„Nichts von alledem . . .", versuchte ich zu unterbrechen, aber Tammo hörte gar nicht hin. Niemand ist selbstgewisser als ein Mensch in einer falschen Empörung.

„Willst du etwa das Wittmunder ‚Ostfriesen-Abitur' zum Wunder erheben?" rief er. „Das könnte dir so passen! Oder das Maibaum-Aufstellen, die Osterfeuer, den Gallimarkt – lauter Wunder, wie? Haben wir schon sieben beisammem? Vergiß die ostfriesische Küche nicht. An soviel Kalorienbomben kommt man nicht ungestraft vorbei. Und sind sie nicht immer wieder wunderbar – die schlaflosen, blähungsreichen Nächte nach dem Grünkohl-Abend?"

„So kann nur jemand reden", sagte ich, „dem jegliches Gefühl für die einfachen Dinge des Lebens abhanden gekommen ist."

Zugegeben, ich war ein bißchen beleidigt. Nicht wegen seiner Aufzählung – keiner seiner Punkte traf das, was ich mit meiner Titelidee meinte – sondern wegen der Art und Weise, wie Tammo sich über die kleinen und fraglos nicht immer atemberaubenden Festlichkeiten oder auch touristischen Bemühungen

seiner Landsleute mokierte. Er tat dies nicht zum erstenmal, und es war dies ein alter Streit zwischen uns.

Wir waren zusammen zur Schule gegangen und hatten anfangs auch zusammen studiert. Nach dem Studium war Tammo in Deutschland geblieben. Daß wir uns nicht aus den Augen verloren, war nicht nur ein Zeichen dicker Freundschaft, sondern hatte mit einer noch aus der Schulzeit stammenden Angewohnheit zu tun: Mindestens in jedem zweiten Sommer unternahmen wir eine, nach unserem Empfinden, ganz ungewöhnliche Fernreise, woran sich auch nichts änderte, als wir beide längst Familie hatten. Wir fischten die prachtvollsten Hechte aus weltentlegenen Bergseen in den argentinischen Kordilleren; wir treckten rucksackbepackt und blasenfüßig ins armselige Nepal hinauf; wir zogen mit einer Rentierherde und ihren freundlichen Hütern wochenlang durchs sommerlich mückenverrückte Lappland. Aber während ich nach jeder Tour gern wieder in die gewohnte ostfriesische Umgebung zurückkehrte, löste bei Tammo jegliche Exotik nur den Wunsch nach noch mehr Exotik aus – jedenfalls kam es mir so vor. Selten auch konnte er sich am Ende einer Reise kleine Hänseleien auf Ostfriesland verkneifen: „Tut mir ja leid, daß du jetzt wieder in deine Wüsteinei zurück mußt!"

Sicher war es nur Spaß. Aber wußte man das bei Tammo? Ich dachte nicht groß darüber nach, ich freute mich auf mein Zuhause. Ich freute mich, wieder

Gewitterstimmung über Norderney: Der ostfriesische Himmel ist ein faszinierendes Naturschauspiel. Eintritt frei.

auf einem Deich zu stehen, den Kopf in heitere ostfriesische Luft zu tauchen und meine Augen nach der weiten Linie des Horizonts suchen zu lassen; sie wurden niemals müde, das zu tun. Ich freute mich auf das sonderbare Gefühl von zauberträchtiger Unendlichkeit, die dieses stille Land in seinen besten Augenblicken vermittelt: Wenn man am liebsten ausströmen möchte und sich mit dem Wind verbinden . . .

Gewiß, die einzelnen Bestandteile dieser Landschaft sind so großartig nicht. Aber gesamthaft zeigt sie doch Form und Ebenmaß. Es ist zu weiten Teilen eine künstlich geschaffene Landschaft mit dem Licht als gnädig-genialem Maler. Kraft des Lichts ist Ostfriesland schön.

Seine Schönheit drängt sich nicht auf wie die eines südlichen Palmenstrandes. Es ist eine bescheidene, ungesuchte Schönheit; eine jähe Entdeckung, jedesmal neu, auch für den, der in Ostfriesland lebt; eine Schönheit, die keine Gewöhnung erlaubt wie in anderen Landschaften – etwa der Anblick eines Höhenzuges oder eines Tales.

Es erwies sich jedoch als müßiges Unterfangen, Tammo von solchen Empfindungen – meinetwegen: Schwärmereien – zu reden. Er neigte dazu, Dinge, die gleichsam von Geburt an sein eigen sind, und dazu gehört zweifellos die Heimat, gering zu schätzen; dagegen Dinge, die fremd und entfernt und ganz und gar nicht sein eigen sind, über ihren tatsächlichen Wert hinaus zu erheben. Hielt ich ihm das vor, reagierte er mit Spott.

„Die Sonne bescheint", führte er dann einen seiner Philosophen an, die er stets zitatgerecht parat hatte, „die

Sonne bescheint nur das Auge des Mannes, aber in das Auge und das Herz des Kindes scheint sie hinein."

Dabei ließ er, wie ich wußte, die Sonne gern auch in sein Herz und Auge hineinscheinen, nur fiel ihm das im Angesicht eines, sagen wir mal: Vulkans auf Sumatra wesentlich leichter als beim Anblick eines ostfriesischen Warfendorfes. Tammo war mit den Jahren ein Butenostfriese geworden, wie es ihn nach dem Verständnis der Ostfriesen eigentlich nicht gibt. Nach diesem Verständnis verzehren sich alle Ostfriesen außerhalb Ostfrieslands nach ihrer Heimat, halten Erinnerungen, Bräuche und das Plattdeutsche in hohen Ehren und organisieren sich zu diesem Zweck in Ostfriesenvereinen.

In Wahrheit gilt das nur für den bei weitem kleineren Teil der Butenostfriesen. Die meisten gehen durchaus in ihrer neuen Umgebung auf und streifen das landsmannschaftliche Erbe ab wie einen alten Mantel. Zu ihnen, wie gesagt, zählte in gewisser Weise auch Tammo, dem es schon ein Greuel war, tagtäglich wildfremden Menschen erklären zu müssen, daß sein Vorname keinesfalls der Kunstsprache Esperanto oder einer Mozart-Oper entlehnt sei, daß es sich vielmehr um einen alten friesisch-ostfriesischen Häuptlingsnamen handle, der durchaus heute noch gebräuchlich sei. Ein Wort seines Lieblingsphilosophen Karl R. Popper münzte er, was einer seiner Standard-Scherze war, auf Ostfriesland um: „Alles Lebendige sucht nach einer besseren Welt. Menschen, Tiere, Pflanzen, sogar Einzeller sind immer aktiv . . . Jeder Organismus ist dauernd damit beschäftigt, Probleme zu lösen – bloß der Ostfriese nicht!"

Vermutlich verärgerten mich solche Äußerungen mehr, als ich es mir eingestehen wollte; anders kann ich es mir jedenfalls nicht erklären, daß ich mich hin und wieder in dem Bemühen ertappte, ihn in seinem Spott zu widerlegen. Es waren, das sei gleich gesagt, untaugliche Bemühungen. Untauglich deshalb, weil ich den gleichen Fehler machte, den viele Leute auf dem Lande begehen, wenn sie Großstädter über die Vorzüge ihrer Umgebung aufklären wollen. In einer verqueren Art von Kleinstädterstolz verweisen sie den Be-

sucher auf ein neues Kaufhaus hier, ein neues Verwaltungsgebäude dort, flanieren vorzeigend über „ihre" – im Vergleich zur Großstadt mickrig kleine – Fußgängerzone und suchen schließlich ein Café auf, von dem sie zugeben müssen, daß es nur deswegen so überfüllt ist, weil es sonst kaum ein vorzeigbares Café am Orte gibt; und wenn zum Abschluß des, vermutlich sonntäglichen, Spazierganges der Hinweis auf die neue Schnellstraße, die Ortsumgehung, erfolgt, wird der Besucher endgültig den Kopf schütteln: „Muß das denn alles sein? Kann nicht wenigstens hier alles so bleiben, wie es immer war?" Denn so absurd wie die Versuche des Landes, die Großstadt zu imitieren, sind umgekehrt die anmaßenden Vorstellungen der Städter, auf dem Lande habe sich die alte Zeit tunlichst unabänderlich zu konservieren. Mißverständnisse auf beiden Seiten.

Immerhin hat sich in Ostfriesland dank des tatsächlich ausgeprägten Beharrungsvermögens seiner Bewohner (wenn auch nicht in der Tammo/Pop-

perschen Übertreibung) sehr viel mehr Ländlichkeit erhalten als irgendwo sonst in der Bundesrepublik Deutschland. Die Bundesrepublik ist ein enges, übervölkertes, verstädtertes Land. Die einzige Ausnahme von dieser Enge ist Ostfriesland. Auf den Poldern des Rheiderlandes, in den Tiefen des Harlingerlandes, in den Marschen der Krummhörn verliert sich der Blick in steppenartigen, fremdländischen Wei-

Gaumenfreuden, die aus der Kälte kommen: Grünkohlernte und Hausschlachtungen gehen tunlichst nach dem ersten Frost vonstatten – dann nämlich bekommt das eine den rechten Geschmack, und das andere verdirbt nicht so schnell. Auch das Straßenboßeln, Ostfrieslands Nationalsport, steht zuvörderst in den Wintermonaten auf dem Programm. Im Windschutz der Wallhecken (linkes Bild) kann die Aussaat sich optimal entfalten.

ten. Die Wasserläufe, nie sonderlich breit, aber gewunden und urzeitlich träge, scheinen aus geheimnisvollen unbekannten Landstrichen in die ostfriesische Weite zu münden. Die hölzernen Telegrafenstangen staksen in langer Reihe Orten zu, die noch zu erkunden wären. In den Dörfern versammeln sich die Häuser tuschelnd um die hochgelegene Kirche und erwarten bang den Tag der nächsten Sturmflut. Über den gelb durchsommerten Kornfeldern mit den roten Mohnblumenflecken liegt das Versprechen eines unverhofften Wiedersehens mit der eigenen Kindheit oder der ersten Liebe.

Versprechen über Versprechen. Ostfriesland kann sie nicht alle halten. Ein Blick auf die Landkarte lehrt: Dies ist ein kleines Land. Seine Feld- und Weidensteppen sind Miniatursteppen.

Ostfrieslands Weite ist nicht unendlich; sie scheint es nur zu sein. – Was ihren Reiz nicht mindert. Wer sich den Sinn für diese Dinge nicht durch ein Übermaß an Karibik und Lanzarote verdorben hat, der wird für die Schönheit Ostfrieslands empfänglich bleiben. Tammo, fürchtete ich, war es nicht mehr.

Andererseits erinnere ich mich eines Spazierganges an einem schon hochsommerlichen Himmelfahrtsmorgen. Es war in Berumerfehn, einer heute recht idyllischen Siedlung am Rande des Moores. Tammos Frau, eine Deutsche, geriet ob der vielen schönen Brautpfade ins Schwärmen, und auf einmal war auch Tammo Feuer und Flamme.

„Mensch, weiß du noch", rief er mir zu, „das haben wir doch früher auch gemacht!"

„Haben wir das wirklich?" Ich wußte es nicht mehr. Oder ich war nicht dabeigewesen.

Wir standen unter all den Kindern und begutachteten ihre kunstvollen Blütengebilde im Sand. Tammos Frau wollte wetten, welches den ersten Preis gewänne. Ihr Mann schürfte unbeholfen aus Schul-Erinnerungen.

„Die Brautpfade", sagte er, „gehen angeblich auf eine Fürstenhochzeit im Jahr 1734 zurück. Karl Edzard, Ostfrieslands letzter Fürst, heiratete Sophie-Wilhelmine von . . ., gottweißwoher. Am Himmelfahrtstag hielt das Paar in Aurich Einzug, und das Volk schmückte die Straßen zum Schloß mit frischgepflückten Blumen . . ."

„Aha", machte seine Frau, „also ein Fruchtbarkeitssymbol."

Tammo mußte lachen.

„Wenn es denn eins war", sagte er, „dann war es nutzlos wie alle Symbole. Karl Edzard, wie gesagt, war der letzte Fürst; mit ihm starb zehn Jahre später das Geschlecht der Cirksena aus."

„Aber das muß nicht an der Fürstin oder an den Blumen gelegen haben",

warf ich ein, „Karl Edzard selbst war nicht der kräftigsten einer. Er soll an einem Glas Buttermilch verendet sein . . ."

„Wie du so was immer sagst!" protestierte Tammo. „Wahrscheinlich war die Milch verdorben."

„Wenn ich recht informiert bin", sagte ich, „war sie nur zu kalt."

„Der arme Kerl!" befand Tammos Frau. „Wer oder was kam eigentlich nach dem Fürsten?"

„Preußens kamen!" sagte Tammo, und wir alle nickten uns stumm-bedeutungsvoll auf das Ende der ostfriesischen Eigenständigkeit vor bald 250 Jahren zu.

Aber ich war bei den sieben Wundern Ostfrieslands stehengeblieben, meiner Idee für den Titel des Buches.

Es kam der Moment, da Tammo sich über die möglichen Auswirkungen ost-

Aus den gelben Wogen eines Rapsmeeres in der Krummhörn ragt der 65 Meter hohe Leuchtturm von Campen über Deich und Meer. Er wurde 1888 aus Stahlträgern montiert.

trockenfällt und zweimal überflutet wird – einmalig auf der Welt!

Als drittes führte ich den Himmel über Ostfriesland an, ein ganztägig geöffnetes Schauspiel mit dramatischen Akzenten gegen Abend hin, wenn schlanke Wolkenstreifen wie Fische im karmesinroten Lichtmeer schwimmen oder sich wieder und wieder in nelkenfarbene sanftmütige Flöckchen teilen.

Punkt vier waren die Wallhecken, Kuschelecken fürs Auge auch sie, dabei von praktischem Nutzen: Dank ihrer Pflanzung vor vielen Jahren wurde aus der öden Geest, über die der Wind pfeift wie über eine Bohrinsel in der Nordsee, eine fruchtbare Landschaft.

An fünfter Stelle erwähnte ich das Teetrinken, die am ausgeprägtesten ostfriesische unter allen ostfriesischen Leidenschaften. Und vom Tee war es ein natürlicher Übergang zu wundersamen Sitten und Bräuchen.

Das letzte und vielleicht größte Wunder aber ist das Bestehen Ostfrieslands selbst. Denn anders als die Inseln war es kein Geschenk der Natur, sondern mußte derselben mit Witz und Trotz aufgenötigt werden.

„So ist Ostfriesland", schloß ich, „zu weiten Teilen ein Land von Menschenhand. Und das nenne ich ein Wunder!"

Tammo, nach einer langen Pause, schlug seine Pfeife aus. Endlich sagte er: „Weißt du, wie das Buch heißen muß? – ,Das fremde Land'!"

friesischer Kochkunst so weit beruhigt hatte, daß er, wenn auch knurrig, zuhörte. Als erstes Wunder nannte ich die acht Inseln. Sofort unterbrach er.

„Wieso acht? Es sind sieben!"

„Es sind acht", sagte ich, „die Vogelinsel Memmert mußt du schon mitzählen."

„Da kommt doch kein Tourist hin!"

„Du bist gut!" sagte ich. „Eben wirfst du mir vor, mein Titel klänge wie ein Werbeprospekt, und jetzt soll ich eine Insel auslassen, nur weil keine Touristen hindürfen! Nein, sie sind alle ein Wunder, alle acht. Das Meer, das angeblich so räuberische, hat sie angeschwemmt, hat sie einfach abgelegt vor der Küste – als Morgengabe."

Wunder Nummer zwei war das Watt, das zwitterhafte, zwiegesichtige Landmeer, das in den fünfundzwanzig Stunden eines Mondtages zweimal

ZWEITES KAPITEL

Auf $and gebaut

WIR LEBEN HEUTE, so sagt man, in einem Zeitalter des Reisens. In Wirklichkeit leben wir in einer Zeit des Ankommens. Denn Reisen, das ist das Unterwegssein an sich: Entdeckungen, Gespräche, Beobachtungen, Genüsse, Gefahren, Entbehrungen während der Fahrt und in der Etappe. Das Ankommen an einem bestimmten Ziel spielt bei dieser Form des Reisens, die ich die ursprüngliche, ja, die eigentliche Form des touristischen Reisens nennen möchte, eine beinahe nebensächliche Rolle. Ankommen bedeutet das Ende des Unterwegsseins, mithin das Ende der Reise.

Reisen um des Unterwegsseins willen, wie es von Goethe auf seiner berühmten Italien-Fahrt praktiziert und wie es von Joseph von Eichendorff in seiner Novelle „Aus dem Leben eines Taugenichts" zu höchster literarischer Blüte getrieben wurde, wie es noch in unserem Jahrhundert im zweckfreien Lustwandeln während wochenlanger Schiffspassagen auf Luxus-Linern seinen (möglicherweise etwas dekadenten) Ausdruck fand, dieses Reisen ist verkümmert zu einer Wissenschaft des Ankommens. Die Frage, die sich der Urlauber von heute stellt, lautet: Wie komme ich schnellstmöglich an meinen Bestimmungsort? Wenn wir heute von Reisen sprechen, dann sind wir auf ein Ziel ausgerichtet und auf das Verweilen an demselben.

Inselschönheit Sanddorn

Die Insel Baltrum, umgeben von den Spuren der Gezeiten: Die Flut schleppt Sand ins Watt; die Ebbe trägt ihn, teilweise, wieder hinaus. Wo den Ebbstrom die Kraft verläßt, bleibt Sand liegen. So entstehen die Sandplaten, die (oberer Bildteil) den sogenannten „Riffbogen" bilden: Die vorherrschenden Weststrümungen lassen den Sand langsam um die Insel herum nach Osten treiben.

Das ist bei Reisen zu den Ostfriesischen Inseln, von denen in diesem Kapitel die Rede sein soll, im Prinzip nicht anders. Der Urlauber möchte schnell hinkommen, um seinen Aufenthalt bestens ausnützen zu können. Wohl oder übel (und sofern er nicht im Flugzeug herbeidüst) wird er aber doch mit der guten, alten, gemächlichen, bisweilen als umständlich empfundenen Reiseform Bekanntschaft schließen: Wer zu den Ostfriesischen Inseln will, muß auf ein Schiff umsteigen; und vom Schiff muß er in einigen Fällen in eine Inseleisenbahn umsteigen; und vom Inselbahnhof hat er womöglich noch einen weiten Weg zu seiner Pension oder seinem Hotel.

Zwischen einer halben Stunde (Baltrum) und zweieinhalb Stunden (Borkum) dauert die Überfahrt. Luxuriös ist sie in keinem der sieben denkbaren Fälle. Es herrscht karger Fährbetrieb. Die Bewirtung – wenn überhaupt vor-

schätzen, sich gar nicht erst weiter umzusehen auf der Insel, sondern sie nur nach dem zu beurteilen, was er für das einzig Wesentliche hält – den Strand. Und tatsächlich führt auf jeder ostfriesischen Insel die Direttissima des Touristenstroms über die Randdünen an den Strand, fast als ob der schon die Insel ausmachte . . .

Immerhin, der Strand darf als der eigentliche Schauplatz des Urlaubs gelten. Dort soll alles in Erfüllung gehen, was man sich erträumt hat: Die Geselligkeit und auch die Einsamkeit; Spiel, Sport und auch die Ruhe; Badefreuden und auch die Muße, Dinge zu erledigen, die man sich für den Urlaub aufgespart hat; Nordseeklima, aber hoffentlich auch bei Mittelmeer-ähnlicher Sonnenscheindauer . . .

Aber siehe da: Strand und Insel spielen nicht mit! Sie pochen auf ihre Eigen-

Eine Erinnerung an Borkums goldene Zeit sind die Walknochen, die einst alle Häuser und auch den Friedhof umzäunten.

handen – hat in etwa die Ausstrahlung einer Bahnhofsgaststätte. Der Trubel inmitten der vielen Reisenden ist gewöhnlich groß. Sitzplätze sind rar. Das schiere Vergnügen ist es nicht.

Trotzdem, die Schiffsfahrten, so langatmig sie den Ungeduldigen anmuten mögen, sind für den Start in die Inselferien unersetzlich. Warum? Weil sie die angemessenste Form der Annäherung an dieses spezielle Urlaubsziel sind. Weil sie inselgerecht sind. Und weil sie, noch wichtiger, menschengerecht sind.

Das will erklärt sein.

Eine Insel ist kein Urlaubsort wie jeder andere. Wer sich auf eine Insel begibt, bricht Brücken ab. Er entzieht sich dem normalen Lauf der Ereignisse. Er hat sich abgemeldet, einschneidender als das bei einem festländischen Urlaubsort möglich wäre. Nur die üblichen Kommunikationsstränge verbinden mit draußen: Fernsehen, Radio, Telefon, aber wovon sie künden, scheint hier weniger Bedeutung zu haben als auf dem Festland; es scheint der Insel nicht zugehörig.

Von der Insel gibt es kein schnelles Ausweichen nach hierhin und dorthin. Man muß mit dem vorlieb nehmen, was da ist: der veränderten Atmosphäre, dem fremden Rhythmus des Tagesablaufs, der Abgeschiedenheit. Eine Welt für sich. Eine kleine Welt, die manch einen verführt, sie zu unter-

Strandleben über alles! Das autofreie Juist (rechts) hat mit 16 Kilometern den längsten Strand. Dem autobefahrenen Borkum (links) wurde in den dreißiger Jahren eine dicke Sandbank vor die klassische Bäderfassade geschwemmt. Sehr zur Freude der Kurverwaltung.

gesetzlichkeit. Und nur wer sich diesen Gesetzen unterwirft, wird Insel und Meer in ihrem Reichtum erfassen und genießen können.

„Der Strand", erkannte die amerikanische Schriftstellerin Anne Morrow Lindbergh, Witwe des ersten Atlantik-Überfliegers Charles A. Lindbergh, „der Strand ist nicht der rechte Ort zum Arbeiten, zum Lesen, Schreiben oder Denken. Das hätte ich aus früheren Jahren noch wissen müssen. Er ist zu heiß, zu feucht, zu weich für jede wirkliche gedankliche Disziplin oder geistige Einfälle. Man lernt es nie. Hoffnungsvoll nimmt man den verblichenen Strandbeutel her, vollgestopft mit Büchern, Schreibpapier, überfälligen Briefschulden, frischgespitzten Bleistiften und guten Vorsätzen. Die Bücher bleiben ungelesen, die Bleistifte brechen ab, und der Schreibblock ist weiterhin so frisch und unberührt wie der wolkenlose Himmel. Kein Lesen, kein Schreiben, nicht einmal ein paar Gedanken – jedenfalls nicht am Anfang."

Die andere Welt der Inseln fordert Eingewöhnungszoll. Wer meint, sich mit einer „Hoppla, jetzt komm' ich"-Attitüde in die Inselferien stürzen zu können, wird von Sonne, Wind und Meer, wird von den Kräften der Andersartigkeit des Insellebens in seine Schranken gewiesen. Deshalb ist die vermeintlich zeitraubende Annäherung der Schiffsüberfahrt so wichtig. Man bekommt eine kleine Einführung in diese Welt. Man sieht die Insel vor sich, ihre Dünen, ihre ins Watt auslaufenden Heller, ihren eigentümlichen Bewuchs, man sieht Austernfischer auffliegen, entdeckt da und dort die ersten backsteinroten Inselhäuser, empfindet vielleicht sogar schon vom Schiff aus die Ruhe, die drüben über dem Eiland liegt, und beginnt zu ahnen, daß der Unterschied zwischen Wohn- und Urlaubsort größer ist als vordem angenommen.

Man gelangt ja auch nicht einfach von Punkt A nach Punkt B. Das Watt hat seine eigenen Regeln und die Anfahrt ihre Umwege. Wer nach Baltrum fährt, scheint geraume Zeit das Ostende Norderneys anzusteuern; wer nach Langeoog will, befindet in der ebenso engen wie langgezogenen Fahrrinne vor Bensersiel auf einem nautisch wohlbegründeten Zickzackkurs; auf halbem Weg nach Juist ist meist so wenig Wasser unterm Kiel, daß der den Boden schrammt; und Schiffe, die Spiekeroog anlaufen, tuckern buchstäblich, wenn auch mit äußerster Langsamkeit, in den Inselbauch hinein: Die Hafe-

neinfahrt wurde wie ein künstlicher Fjord bis kurz vors Dorf gebaggert.

Die Eingewöhnung geht vorüber. Lange dauert das nicht. „Und dann", schreibt Anne Morrow Lindbergh, „an irgendeinem Morgen der zweiten Woche, erwacht der Geist und ersteht zu neuem Leben. Nicht im Sinne der Stadt – nein, in der Art des Strandes. Er beginnt zu wandern, zu spielen, sich in lässigen Windungen zu überschlagen gleich den trägen Wellen, die auf den Sand rollen. Man weiß nie, was für zufällige Schätze jene spielerischen, unbewußten Brecher auf den glatten weißen Sand des Bewußtseins spülen werden; was für einen vollkommen gerundeten Stein, was für eine seltene Muschel sie vom Grund des Ozeans mitbringen. Vielleicht eine Wellhornschnecke, vielleicht eine Mondmuschel oder sogar eine Argonauta. Aber man darf nicht danach suchen oder etwa danach graben! Nein, nur kein Schleifnetz über den Meeresgrund ziehen. Das würde unseren Zweck vereiteln. Das Meer belohnt nicht jene, die zu beflissen, zu gierig oder zu ungeduldig sind. Nach Schätzen zu graben, beweist nicht nur Ungeduld und Gier, auch Mangel an Glauben. Geduld, Geduld, Geduld lehrt uns das Meer. Geduld und Glauben. Leer, offen und passiv wie der Strand sollen wir daliegen – das Geschenk des Meeres erwarten."

Wer sich so weit ins Inselleben gefühlt und gedacht hat, ist im Grunde selbst schon zum Insulaner geworden: meerverbunden, gottergeben, abwartend, fatalistisch. Und paradoxerweise wird er in dieser Hinsicht die eigentlichen (eingeborenen) Insulaner über-

Zweimal Norderney: vom Watt und von „innen" gesehen.

treffen. Denn in gleichem Maße wie der Feriengast in der Inselabgeschiedenheit und damit im Wesen der Insel aufgeht, kommt dem Insulaner seine Inselhaftigkeit abhanden. Was der Gast an Einsamkeit gewinnt, geht dem Insulaner an Einsamkeit verloren. Als Gastgeber, der er ist, stellt er das Wesen seiner Insel und damit auch sein eigenes Wesen zur Verfügung. Mehr noch, er schlüpft mit Fleiß in die geschäftige Rolle des Städters. Das sichert ihm seinen Lebensunterhalt. Der Gegenwert für den Wesensverlust ist materieller Gewinn.

So sind die Inseln nicht nur eine andere (sprich: besondere) Welt. Sie sind als Folge des Tourismus auch eine verkehrte Welt. Zumindest von Frühjahr bis Frühherbst – dann normalisiert sich manches wieder.

Niemand auf den Inseln kann sich vom Fremdenverkehr und seinen Begleiterscheinungen ausschließen. Die Ostfriesischen Inseln sind, um es salopp zu sagen, von Kopf bis Fuß auf Gäste eingestellt. Jede Tätigkeit hat in irgendeiner Form mit dem Fremdenverkehr zu tun. Die Aufnahme und Bewirtung von Gästen stellt eine Monokultur dar, die in diesem Ausmaß mit der Abhängigkeit gewisser mittelamerikanischer Staaten von Bananen oder Zuckerrohr vergleichbar ist.

Solch (allzu?) einseitige Ausrichtung mag man für riskant halten und etwa an Krisen- oder Kriegszeiten denken, wenn der Tourismus wie eine Bratwurst mit zu hohem Wasseranteil in sich zusammenschrumpft. (Das war während und unmittelbar nach den Weltkriegen auch der Fall, was sich in den halboffiziellen Insel-Chroniken in Formulierungen wie: „schwerer Rückschlag für den Tourismus" niederschlägt.)

Nachbarinseln von höchst unterschiedlicher Entwicklung sind Langeoog und Spiekeroog. Während Langeoog (Bilder linke Seite) in früheren Zeiten die ärmste unter den Inseln war und von Katastrophen heimgesucht wurde, liegt Spiekeroogs idyllisches Dorf seit 1667 am selben Platz. Das ist ungewöhnlich. Auf den übrigen Inseln mußten die Dörfer immer wieder fluchtartig ostwärts verlegt werden. Am 6. November 1854 strandete das deutsche Auswandererschiff „Johanne" vor Spiekeroog, wovon ein Kreuz und der „Drinkeldodenfriedhof" zeugen. 80 Menschen kamen dabei um.

Doch bleibt den Insulanern eine andere Wahl? Wer immer sich auf den Ostfriesischen Inseln niederließ, der baute und siedelte auf Sand. Und Sand ist kein Boden, woraus Reichtümer wachsen. Die Geschichte der Inseln in vor-touristischer Zeit ist im großen und ganzen eine Geschichte der Armut. Aus sich selbst heraus waren die Inseln niemals lebensfähig. Die Grundvoraussetzungen, daß sie überhaupt bewohnt werden konnten, waren: a) Es durften nur sehr wenige Menschen dort wohnen; b) sie mußten mit sehr wenig zufrieden sein.

Die Einwohner von Baltrum, die Baltmer, hockten um das Jahr 1700 zu einer knappen Hundertschaft in nur 14 kleinen Häusern. Sie nährten sich von den damals berühmten Baltmer Kartoffeln und von dem, was eine bescheidene Weidewirtschaft hergab. Viel kann es nicht gewesen sein. Das geht aus den Baltrumer Steuern hervor, einer Naturalabgabe, die an das Amt Berum zu entrichten war, nämlich: Schill, worunter Muschelschalen zum Kalkbrennen zu verstehen sind (sie wurden an eine Kalkbrennerei in Emden geliefert), des weiteren getrocknete Schollen, die auf dem Berumer Amt einen Teil der Beamtenbesoldung ausmachten, alsdann Eier (von Kiebitzen, Möwen, Seeschwalben) sowie Kaninchen. Letztere aber blieben die Baltmer allenthalben schuldig, denn hatten sie mal eins gefangen, verspeisten sie es selbst.

Schlimmer noch sah es auf der benachbarten Insel Langeoog aus. Die Weihnachtsflut von 1717 ließ die Insel durchbrechen, sämtliche Einwohner wanderten ab. Helgoländer Familien wurden angeworben, das wüste Eiland zu besiedeln, aber auch die suchten schnell das Weite. Erst 1738 wird wieder von drei Familien auf Langeoog berichtet – lauter Ostfriesen. Sie waren von jeglicher Steuerabgabe befreit. (Das Land auf den Inseln galt als Regierungseigentum, doch hatten die Insulaner ein Weidenutzungsrecht.)

Die preußische Regierung (ab 1744) sorgte erstmals für planmäßige Dünenpflege, womit dem übermäßigen Sandwehen allmählich Einhalt geboten und die Grundlage für ein bißchen Weidewirtschaft gelegt wurde.

Ungleich mehr beweidbares Grünland muß es in den alten Zeiten auf Wangerooge gegeben haben. Aber Sturmfluten und ewig treibender Flugsand schütteten alle Herrlichkeit zu. In drei Jahrhunderten wanderte Wangerooge um seine gesamte Länge nach Osten. Die Insulaner, mit Sack und Pack, wanderten mit. Und als sie einmal nicht wanderten, kam es zur Katastrophe: In der ersten Hälfte des 19. Jahrhunderts hatten schwere Dünenabbrüche das Dorf im Westen der Insel

Strandschönheit Kompaßqualle

zum Meer hin bloßgelegt. Eine erneute Verlegung wurde erwogen, war aber der zuständigen oldenburgischen Regierung zu kostspielig. Auch sonnten sich die Insulaner im gerade aufsteigenden Fremdenverkehr. Die Saison 1854 hatte 820 Gäste gebracht – Rekord! Doch die Sturmfluten von Weihnachten 1884 und Neujahr 1885 zerstörten 21 der 75 Häuser. Alle Insulaner zogen fort. Bei Varel entstand die Kolonie „Neu-Wangerooge". (Mit dem Bau eines neuen Inseldorfes am heutigen Standort wurde indes bald begonnen.)

Borkums goldene Zeit dauerte genau 67 Jahre – von 1713 bis 1780. Es war die Zeit, da das verschlafene Bauern- und Fischernest, das den handelstüchtigen Emdern als Seezeicheninsel diente (in-

Die Katastrophe kam zum Jahreswechsel: 1854/55 wurde das alte Wangerooger Dorf ein Opfer von Sturmfluten und später in der Inselmitte neu aufgebaut. Rechte Seite: Verlandendes Watt in der Leybucht.

dem der Kirchturm erhöht wurde), mit einem Schlag erwachte und Europas fähigste Walfänger stellte: Als Kommandeure, Steuerleute, Harpuniere, Matrosen, Speckschneider war die gesamte männliche Bevölkerung Borkums von März bis November auf See. Wer nicht von der Schwanzflosse eines Wales über Bord gewischt wurde, kam steinreich zurück. Doch mit dem Ausbruch des niederländisch-englischen Seekriegs (1780) entfielen die Aufträge holländischer Reeder, und auch der Hamburger Walfang kam infolge der napoleonischen Kriege bald zum Erliegen. Borkum verarmte. Die Bevölkerung wanderte zum größten Teil ab.

Eine Monokultur – hier die des Walfangs – hatte sich eine Weile als Segen, schließlich als Fluch erwiesen. Die Inseln, wollten sie zu Wohlstand kommen, bedurften von jeher eines Wirtschaftsergänzungsfeldes; das waren im Falle Borkums die Wale. Heute ist es der Tourismus.

Als vielseitiger und anpassungsfähiger erwiesen sich die Leute von Norderney, der nach dem Memmert jüngsten unter den Ostfriesischen Inseln. Wenn ihnen der Seefischfang entrissen wurde, wie etwa von den Schiermonnikoogern im 18. Jahrhundert, stellten sie sich auf Handelsschiffahrt um. Wenn das nicht mehr ging,

Bei den Fischern beliebt, aber ökologisch fragwürdig: Das Trockenfallen von Kuttern zu Wartungszwecken.

wie etwa zur Franzosenzeit, behalfen sie sich mit der alten Kunst der Strand- und Wattfischerei. Wurde das Watt von den aufkommenden Dampfschiffen überfischt, gingen die Norderneyer zur Linienschiffahrt über. Bekamen sie diesbezüglich Konkurrenz vom Festland, angelten sie mit langen Leinen auf Schellfisch; 1872 wurden 1,5 Millionen Kilo Schellfisch gefangen. Norderney war Auktionsort.

Vor allem aber wurde Norderney – erste Seebadeanstalt an der Nordseeküste (ab 1800) – zum Trendsetter in Sachen Fremdenverkehr. So konnte die Abhängigkeit von einem einzigen Wirtschaftszweig auf Norderney lange vermieden werden. Heute herrscht freilich auch hier allein der Tourismus.

MAN KANN NICHT von außerhalb nach Ostfriesland kommen und meinen, man sei noch in demselben Deutschland, in dem man vorher war. Wer Augen hat, die Landschaft zu sehen, wer Ohren hat, die Sprache der Menschen zu hören, wird ohne weiteres den Eindruck gewinnen, er befände sich, ohne auf einen Grenzübergang gestoßen zu sein, in einem anderen Land. Dieser erste, befremdende Eindruck wird sich bei näherem Augenschein zu gleichen Teilen verringern wie verstärken. Das Fremdartige erhärtet sich, sobald man mit den verschiedenen Besonderheiten ostfriesischen Daseins vertraut wird. Aber man befindet sich, natürlich, nicht in einem anderen Land; allenfalls in einer anderen Provinz. Vielleicht überkommt den Besucher aus Deutschland sogar zum erstenmal in seinem möglicherweise ja noch jungen Leben das Gefühl, eine richtige Provinz kennenzulernen, wo ein Ton von der alten Bedeutung des Wortes leise nachklingt. Denn Provinz, das hat heute, wie jeder weiß, den Bei-

DRITTES KAPITEL

Das
romantische
Volk

geschmack von Zurückgebliebenheit, von unaufgeklärtem Beharren in altvorderen Zuständen. Derlei Provinzialität aber ist nicht gemeint. Sie ist ohnehin nicht an bestimmte Regionen oder Örtlichkeiten gebunden: Sie verkörpert sich stets in einzelnen Personen oder Gruppen, egal ob sie in einer Weltstadt oder im kleinsten Dorf zuhause sind.

Nein, das Wort Provinz steht von alters her für die Unterscheidung der Landstriche nach Sitten, Bräuchen, geschichtlichen Erfahrungen, Sprachen. In der Bundesrepublik Deutschland, in Frankreich, in vielen Ländern haben sich die Unterschiede freilich weitgehend aufgelöst. Die einstigen Provinzen fielen der unerbittlichen Gleichmacherei von Fernsehen und Schriftsprache anheim. Zwischen Flensburg und Freilassing, zwischen Hunsrück und Oberpfalz haben sich die Dialekte zur allgemeinen Verständlichkeit hin abgeflacht – bei bestenfalls noch dialektgefärbter Aussprache. Die Bräuche sind museal geworden, das heißt: Sie stehen auf der Kippkante zum Vergessenwerden.

Einzig Ostfriesland scheint sich dem Zug der Zeit mit leidlichem Erfolg zu sperren: Wie das gallische Dorf des kleinen Asterix gegen die Römer, so behauptet sich Ostfriesland trutzig gegen die große allgemeine kulturelle Flurbereinigung . . . Klingt nicht das ostfriesische Plattdeutsch, als sei es noch völlig intakt? Wird nicht das Tee-Ritual mit unverminderter Ehrfurcht zelebriert? Finden nicht überlieferte Freiluft-Vergnügen wie Klootschießen

Emden, das im Krieg zu weiten Teilen zerbombt wurde, war früher die reichste Stadt Ostfrieslands. Es war eine Patrizier- und Kaufmannsstadt, Ostfrieslands Tor zur großen Welt. Theoretisch ist es das auch heute noch. Aber auf den Docks und in den Hallen der Thyssen-Nordseewerke (Foto linke Seite) ist es ruhig geworden. Die Belegschaft wurde drastisch verringert. In den roten Siedlungshäusern an der Petkumer Straße, unweit der Werft, herrscht Arbeitslosigkeit wie an vielen Orten Ostfrieslands. Ein neuer Hafen, der Dollarthafen, soll neuen Schwung bringen – und neue Arbeitsplätze.

und Bessensmieten ihren Zulauf wie eh und je? Werden nicht ostfriesische Kochrezepte auch in jungen Haushalten mit der Freude des Wiederentdeckens zubereitet, sogar der mit allen Merkmalen von Armut, Landraubbau und geschmacklicher Fadheit gebrandmarkte Buchweizenpfannkuchen?

Wir wollen kein übertrieben uriges Bild zeichnen. Ostfriesland ist nicht aus der Zeit gefallen. Der Zeitgeist west auch hier. Aber er hat es schwerer. Ostfriesland infiziert sich nicht so schnell mit neuen Trends. Manche Entwicklungen biegen auch kurz vor der imaginären Landesgrenze ab, als wollten sie nicht stören. So, nur so konnte sich Ostfriesland sein Quantum Provinz in unsere Gegenwart retten. Vielleicht ist es die letzte erhalten gebliebene Provinz in Westdeutschland.

Sie ist nicht makellos erhalten und in ihrem jetzigen Zustand auch keinesfalls ungefährdet. Was die große Gleichmache jahrzehntelang versäumt hat, droht sie nun im Galopp nachzuholen. Aber das Anderssein in der eigenen Provinz, das Wissen um seine abgesonderte, damit aber auch besondere Stellung zum deutschen Umland gibt dem Ostfriesen ein Selbstwertgefühl, das er nicht missen möchte oder könnte. Er lebt davon. Denn er ist Romantiker. Er hat nichts gemein mit dem Klischee vom kühlen Norddeutschen. Er ist ein romantischer Sturkopf, denn Sturheit ist eine romantische Eigenschaft. Es ist die Idee, sich selbst treu zu sein; notfalls zum eigenen Nachteil. Seine Sturheit ist des Ostfriesen Stärke und Schwäche in einem.

In der namensgebenden „romantischen" Epoche (1800 bis 1830) galt das Glück – heute würden wir sagen: die Selbstverwirklichung – als etwas, das nur gegen den Trend der Zeit und gegen die Gesellschaft zu erlangen sei; nicht aber im Einverständnis mit der Gesellschaft! Das war kein politischumstürzlerisches Dagegensein, sondern ein eigenwilliges, eigenbrödlerisches und auch verklärendes Festhalten an Dingen, die man sich im Zeitalter der aufkommenden Industrialisierung bewahren wollte. Der Ostfriese neigte von jeher solcher Verhaltensweise zu, und tatsächlich verhält er sich bis heute nicht anders.

Romantik und Ostfriesland. Für die ältere Vergangenheit ist diese Verbindung naturgemäß schwerer zu belegen als für die jüngere oder für die Gegenwart. Aber wenn ich mir die Abgesandten der mittelalterlichen friesischen Bauernrepubliken unter den drei Eichen ihres Tagungsortes, des Upstalsbooms (nahe Aurich), auszumalen ver-

suche, entsteht schon vordergründig ein Bild romantischer Beschaulichkeit. Während draußen im Deutschen Reich sich weltliche und geistliche Macht auf das üppigste und streitlustigste entfalten, während Herzöge, Markgrafen, Pfalzgrafen, Landgrafen, Erzbischöfe, Bischöfe, Äbte sich in so viele Fehden verstricken, daß sie mit dem Austragen derselben kaum nachkommen, während sieben Kurfürsten in schrankenlosem Egoismus die Axt an die Wurzeln des Reiches legen, hocken die Weisen aus dem Friesenland einmal im Jahr am Dienstag nach Pfingsten beisammen – betend, beratend, verhandelnd, schlichtend, ausgleichend, Regelungen treffend, Gesetze nachbessernd. Sie

Der „Kirchgang" vor der reformierten Kirche: Altstadtgasse in Leer.

sind umgeben von zahlreichen andächtigen Zuhörern und tun so, als ob sich die Welt (oder jedenfalls der sie betreffende kleine Abschnitt) ganz ohne Waffengeklirr gestalten ließe. Sie befehligen keine gemeinsamen Truppen. Das Ziel ihrer Zusammenkünfte besteht darin, übereinzukommen. Sie verfügen über keinerlei Gewalt, weder nach innen noch nach außen, aber sie legen sich ein wunderschönes Siegel zu, das „Totius-Frisiae"-Siegel, gleichsam ein Stempel auf die Einheit Frieslands von der Zuydersee bis zur Weser. Aber er wird nur wenige Jahre Gültigkeit besitzen, denn das friesische Häuptlingswesen erhebt allerorten sein eifersüchtiges, blutiges Haupt, und mit der Traulichkeit am Upstalsboom ist es vorbei. Ein für allemal. Man zählt das Jahr 1327.

Was aber war das bloß für ein seltsamer Debattierklub am Upstalsboom? Was war das für eine seltsame Epoche in der friesischen Geschichte, von der man nicht einmal weiß, wie lange sie gedauert hat, da man ihre Anfänge nicht kennt? War sie ein kühn-genialischer Vorgriff auf die Weltfriedens-Illusionen des völkermordenden zwanzigsten Jahrhunderts? Ein Völkerbund oder UNO im Regionalformat? Oder handelte es sich um ein ebenso zähes wie romantisches Festhalten an alten Thing-Traditionen?

Mit Sicherheit war sie das Gegenteil von dem, für das sie gemeinhin angesehen wird, nämlich eine Zeit friesischer Einigkeit. Da keines der vielen friesischen „terrae" (Länder) dem Nachbarn rechtskräftig in die Suppe spucken durfte, manifestierte sich im scheinbaren Zusammenhalt der Upstalsboom-Sitzungen zuvörderst das ängstliche Beharren der einzelnen Länder auf ihrer Unabhängigkeit. In dieser Hinsicht trägt der Upstalsboom tat-

sächlich UNO-ähnliche Züge. Man wollte ein Omelett backen, aber keine Eier zerschlagen.

Vollends entrückt in romantische Sphären wurde der Upstalsboom (übersetzt etwa: der Baum bei der Nacht-Viehkoppel) im Jahr 1833. Mehr als ein halbes Jahrtausend nach der letzten friesischen Vollversammlung errichteten deutsch-national gesinnte Ostfriesen eine Steinpyramide an der alten Stätte – offiziell, um die in den Befreiungskriegen gegen Napoleon gefallenen Landsleute zu ehren. In Wahrheit umwölkte sie der Gedanke, am friesischen Upstalsboom-Wesen könnte das (notorisch gespaltene) Deutschland genesen. Und tatsächlich wurde die Frankfurter Paulskirchen-Versammlung von 1848 in Ostfriesland als eine Art „deutscher Upstalsboom"

Die Ehre, eine der ganz wenigen erhaltenen und vollständig renovierten Renaissanceburgen in Ostfriesland unterhalten zu dürfen, ist für den Landkreis Leer ein teurer Spaß. Der Häuptling Joest Hane ließ sie sich 1621 erbauen. Deshalb heißt sie Haneburg.

gefeiert.

Romantik und Ostfriesland. Aber sie sind doch ein so nüchternes Volk, die Ostfriesen! Ihr Temperament gilt als mäßig, ihre Deiche sind hoch und fest, ihr Lebensstil ist karg wie das Land, das sie dem Meer abgelistet haben. Ihre Ansprüche sind bescheiden; sie sind Mangel gewohnt. Das Leben in Ostfriesland scheint stets eine Idee härter

zu sein als anderswo in Deutschland, von Romantik jedenfalls keine Spur. Fast möchte man ein Wort des französischen Philosophen Montaigne den Ostfriesen zuschreiben: „Ich habe nichts weiter gebraucht als die Einsicht, mich zufriedenzugeben, was gleichwohl, wenn man es recht bedenkt, eine Gemütsverfassung ist, die unter allen Umständen schwierig zu erwerben ist, und die sich gewöhnlicherweise eher im Mangel als im Überfluß einstellt . . ."

Wieso das?

„Weil . . .", wiederum Montaigne, „ . . . der Hunger auf Reichtümer durch ihren Genuß stärker gereizt wird als durch ihre Entbehrung."

Richtig: Und da auf den Genuß ohnehin nichts als Jammer zu folgen pflegt, verwehrt man ihn sich am besten

gleich. Die evangelische Kirche, voran die reformierte, aber auch die in Ostfriesland kaum weniger gestrenge lutherische, bestärkten den Ostfriesen in seiner Neigung zu rigorosem Glauben. Tugend und Glück, das hatte ein und dasselbe zu sein! Tugendhaftigkeit wurde zum Kitt, der für den Zusammenhalt der Gesellschaft so wichtig ist. Ein Lästermaul wie Oscar Wilde konnte wohl dem sinnenfroheren katholischen, niemals aber ostfriesischem Umfeld entspringen: „Wenn ich glücklich bin, bin ich stets gut; aber wenn ich gut bin, bin ich selten glücklich."

Ostfriesische Sagen und Legenden sind überwiegend Legenden mit erhobenem Zeigefinger. Sie erzählen per Drohgebärde. Sie erzählen von Leuten, die der Übermut gepackt hat, weil sie reich geworden sind und prompt den Reichtum nicht verkraften konnten. Die „Sage vom Frauenmeer" sei als ein Beispiel für viele nacherzählt:

Nordöstlich von dem Dorfe Timmel findet man abseits von den mensch-

Ostfrieslands stiller Süden: Der Fischer kontrolliert seine Aalreuse auf der Leda; die Pappelreihe führt zum Holtlander Tief; die Feldscheune (rechte Seite) steht irgendwo im Moormerland.

lichen Wohnungen ein kleines Gewässer, von dem die Leute sagen, es sei unergründlich. Es heißt das Frauenmeer. Vorzeiten, so erzählt man sich, standen an dieser Stelle drei Häuser, in denen steinreiche Frauen wohnten. Ihren unermeßlichen Reichtum ge-

brauchten sie aber nicht, wie es recht war. Sie lebten alle Tage herrlich und in Freuden. Ihre Hunde erhielten die leckersten Bissen, und was von den Speisen übrigblieb, wurde weggeworfen. Wie viel arme Leute, hätten diese Frauen nicht glücklich machen können! Aber dazu waren sie zu hartherzig. Alle Bettler wiesen sie ohne Erbarmen von den Türen und hetzten wohl gar die bösen Hunde auf sie, so daß es zuletzt wohl niemand mehr wagte, die Frauen um eine Gabe zu bitten. Voll Trauer hörte der Priester des Ortes von der Unbarmherzigkeit der Frauen. Er ging eines Tages zu ihnen und hielt ihnen vor, wie sie doch so große Sünde täten, wenn sie so verschwenderisch lebten und den Armen keine Wohltaten zukommen ließen, und daß Gott im Himmel solch große Sünder strafen

werde. Die Frauen aber in ihrem Übermute verlachten den Diener Gottes und wiesen auch ihm die Tür. Aber kaum hatte der Priester sich einige Schritte entfernt, da hörte er hinter sich ein Krachen und Brausen, und als er sich umwandte, sah er von den Häusern keine Spur mehr, wohl aber an ihrer Stelle ein finsteres Gewässer. Die Erde hatte sich aufgetan, und Gott der Herr hatte die stolzen Verächterinnen seiner Gebote versinken lassen in die grausigen Fluten."

Auf Wohlstand folgt Gottlosigkeit und Sünde, darauf die Vernichtung. Der Automatismus des Gottesgerichts ist unbestechlich. Und immer bedient er sich des Wassers. Als 1373 das Dorf Westeel in der Leybucht untergeht,

sieht selbst der gebildete Ubbo Emmius, Ostfrieslands fähigster Kopf zuzeiten der Renaissance, finstere Gerechtigkeit walten.

„Am 9. Oktober", schreibt er, „erfolgte eine große Überschwemmung, wie sie seit Menschengedenken nicht mehr gewesen war, welche sich über die ganze friesische Küste erstreckte und den Einwohnern zu schwerem Unglück gereichte. Denn sie bedeckte das ansehnliche Dorf Westeel in einer fruchtbaren Gegend, fast zweitausend Schritt im Süden der Stadt Norden gelegen und gegen Aufgang der Sonne das Dorf Osteel anschauend, mit einer solchen Menge Wassers, daß alle Gebäude mit der Kirche niedergerissen und zerstört wurden, ja, ein Teil des Bodens verschlungen ist, und Menschen und Vieh verschwanden."

Mancherlei Wunder und Zeichen, so Emmius, hätten die Katastrophe angekündigt. Brot habe sich in Stein verwandelt, lebendige Fische tummelten sich in Bäckers Ofen, und die Heiligenbilder in der Kirche erbaten vom Priester umgehende Versetzung ins sichere Norden.

Deutlicher wird ein Marienhafer Annalenschreiber, der zum Untergang Westeels vermerkt: „Den an densülvigen Orde hadde Rikedom (Reichtum) gemacket Uppigkeit; de Uppigkeit hadde gemacket Modtwilligkeit und Verachtinge Gottes; Dit is geschen am Dage Dionysis d. mens Octobr. Dat Water is bet an Marienhave ingereten."

Göttliche Gerechtigkeit, die vor allem, war es auch, die auf das Städtchen Torum des Jahres 1509 niederfuhr, so

Nachschub für den Dachbau: winterliche Reet-Ernte auf dem idyllischen „Sandwater" bei Simonswolde.

Die Kreisstadt Aurich sieht sich gern als Hauptstadt Ostfrieslands. Das war einmal. Seit die einstige ostfriesische Bezirksregierung (mit Sitz in Aurich) im großen Regierungsbezirk Weser-Ems (mit Sitz in Oldenburg) aufging, hat Aurich einiges von seinem Nimbus verloren. Geblieben ist die „Ostfriesische Landschaft", deren imposanter Gebäudekomplex nebst Turm nicht ahnen läßt, wie schwer es ist, in einer Zeit knappen Geldes gute regionale Kulturarbeit zu leisten. Das nämlich ist ihre Aufgabe. Und die „Landschaft" erfüllt sie, allen Widrigkeiten zum Trotz, ganz hervorragend.

daß es ein Opfer der Dollartfluten wurde. Torums Vergehen: Es war entschieden zu reich. Es gefiel sich in ausgebauten Straßen und schmucken Gebäuden, welch' letztere gleich acht Gold- und Silberschmieden beherbergten. Handel und Gewerbe blühten, und Gerichtssitz war es obendrein. Das konnte nicht gutgehen. Und noch Jahrzehnte, nachdem Torum untergegangen war, sollen bei Ebbe und Ostwind (der das Watt blankfegt) Fässer mit Torumer Geld freigelegt worden sein.

Und vermutlich vollzog sich auch an Emden göttliche Justiz; denn 1583, just als sich die Hafenstadt auf dem Höhepunkt ihres Reichtums befand, wälzte sich die Ems in einem gewaltigen Durchbruch über die Halbinsel Nesserland, was zur Folge hatte, daß Emden fortan fünf Kilometer vom Wasser entfernt lag und, zumindest vorübergehend, auf den Status einer gewöhnlichen Landstadt absank.

Heute können wir über diese doch sehr mechanische Art des Glaubens schmunzeln. Aber zu ihrer Zeit erzielten die geschilderten Ereignisse und mehr noch ihre Auslegung tiefe Wirkung. Sie haben sich eingeprägt, nicht nur in die Erinnerung der Betroffenen, sondern in das Gedächtnis vieler, vieler Generationen. Es war nicht nur die in Ostfriesland immer schon verbreitete Armut, die das Volk den Untergang der Reichen und Gottlosen mit wohligem Schaudern erleben ließ; da lag noch anderes zugrunde. Wenn jedem Wohlergehen die rasche Bestrafung folgt, dann muß dieses Wohlergehen in der ostfriesischen Überlieferung ein schwerwiegender Verstoß gegen einen ganz bestimmten Kodex sein. Ich will versuchen, ihn offenzulegen.

Im Küstenmuseum von Juist hängt ein großes Bild, das eine noch uneingedeichte friesische Marschenlandschaft veranschaulicht. Inmitten einer trüben Wasserwüste erheben sich halligartig vereinzelte menschliche Siedlungen auf ihren Warfenhügeln. Die Menschen, die dort lebten, sagen wir: zu Beginn unserer christlichen Zeitrechnung, diese Menschen waren Gefangene, mindestens aber Abhängige des Meeres. Wenn sie sich überhaupt in einem primitiven Boot aufs Wasser trauten, dann ging das nach einem Muster vor sich, das der römische Dichter Properz so beschrieb: „Ein Ruder im Wasser, das andere streift den Sand . . ."

Wesentliches Merkmal einer dergestalt auf sich selbst gestellten und auf sich selbst bezogenen Gesellschaft ist der himmelweite Gegensatz zwischen dem Gebiet, das man bewohnt, und dem unbekannten und unbestimmten Raum, der dieses Gebiet umgibt. Mit anderen Worten: In Zeiten, da die Welt noch nicht vermessen war, machte es

durchaus Sinn, sich ausschließlich an die eigene Scholle zu halten. Sie war überschaubar; ein fester Punkt im Meer fremder Unwägbarkeiten.

Das ist im Falle Ostfrieslands so wichtig, weil sich das Gefühl eines schollengebundenen Alleinseins, genau wie die strafenden Sturmfluten, tief ins kollektive Unterbewußtsein gegraben hat und noch heute Ausdruck findet in der Anhänglichkeit des Ostfriesen an sein Land, in seiner Seßhaftigkeit und seiner Selbstgenügsamkeit.

Das Mittelalter brach an, und die Leute von den Warfenhügeln machten sich auf, ihr Zeichen in das Chaos aus Wind und Wasser zu setzen. Sie bauten Deiche, gewannen Land, entwässerten es, machten es urbar. Das waren Leistungen von solch außergewöhnlichen Dimensionen, daß ihre Vollbringer nicht nur Stolz empfanden, auch Demut.

Denn was war geschehen? Über Jahrhunderte und entsprechend viele Generationen hinweg war von eigener Hand eine neue Welt geschaffen worden! Das aber bedeutete: Die Bewohner Ostfrieslands wiederholten für ihren Bereich die Tat der Götter, die einstens das Chaos geordnet und ihm Struktur, Formen und Normen gegeben hatten. Das neugewonnene Land konnte fürderhin niemals ein einfaches Land

Eins hat Ostfriesland im Überfluß: Wasser. Auf den herbstlichen Weiden bei Aurich ist es vielleicht nicht so willkommen wie den vielen Surfern auf dem „Großen Meer", einem Binnensee und Wassersport-Paradies im Südbrookmerland.

sein, auf dem das Vieh graste oder das Korn reifte – es war immer auch ein Heiligtum!

Das Land mußte erhalten, mußte verteidigt werden. Es war nie ungefährdet. Das Meer forderte zurück, was ihm genommen war. Mit dem Beharrungsvermögen, das allen Völkern in lebensfeindlichen Randzonen eigen ist, hielten die Friesen stand. Lebensziel war stets die Lebenssicherung – eine

Aufgabe, die sich nie erschöpfte. Rück-
schläge waren Gottesgericht.

„Die Natur hat vergessen, daß sie
Chaos war, und doch kann ihr das
auch wieder einfallen", sagt der däni-
sche Philosoph Sören Kierkegaard. Die
Friesen vergaßen nicht.

Gerade deshalb war es in ihren Augen so verwerflich, wenn jemand vom
gemeinschaftlichen Ziel der Lebenssicherung abschweifte; wenn er sich den
Luxus erlaubte, nach persönlichem
Reichtum zu streben. Das war eine
Form von Verrat. Noch in Ausdrücken
wie „Herrenbauer" oder „Polderfürst"
klingt weniger Neid als Verachtung an.
Wenn Sicherheit nur das Vergessen
von Unsicherheit ist, dann offenbarte
sich in Handel und Wandel der Kauf-
leute und Großbauern eine schändliche
Vergeßlichkeit. Geschah solchen Leuten nicht recht, wenn die Fluten über
sie kamen?

Der einfache, tugendhafte Ostfriese
strebte nicht nach Reichtum. Sein heili-
ges Land war ihm Reichtum genug. Er
lebte bescheiden. Hauptsache, er hatte
es auskömmlich, und auskömmlich
konnte schon sehr wenig sein.

Muß man erwähnen, daß manches
auch von dieser Einstellung sich bis auf
den heutigen Tag erhalten hat?

Die Einstellung des Ostfriesen zu seinem Land, ja zum Leben schlechthin,
ist, was zu beweisen war, das schiere
Gegenteil von nüchtern. Sie ist so ro-
mantisch, wie es romantischer gar
nicht möglich ist. Wem das nicht ein-
leuchtet, der stelle sich folgende Frage:
Was verstehen wir heute unter einem
Romantiker? Den Wachstumsgläubi-
gen (und sei sein Glaube noch so illu-
sionär) sicherlich nicht; er gilt als Rea-
list. Im Aussteiger hingegen sehen wir,
ungeachtet seiner vielleicht plausiblen
Argumente, den sich verweigernden
Romantiker.

**1765 veranlaßte Friedrich der
Große die Kultivierung der
ostfriesischen Hochmoore. Arme
Leute hofften auf neues Glück
am Moorrand. Eine
Heidekraut-Idylle wurde es nicht:
Die Arbeit war hart, der
Verdienst mager. Bei unserem
Moorarbeiter zuhause (r.)
herrschte zwischen Herd- und
Schlafstelle drangvolle Enge.**

Ostfriesland hat sich im Laufe der
Jahrhunderte immer wieder verwei-
gert, nicht immer zu seinem Nutzen.
Nur so aber konnte es sich als eigen-
ständige Provinz erhalten; nicht im po-
litischen Sinne, aber im Sinne seiner
Originalität.

Es mag überraschen, daß sich diese
Originalität nie in einem literarisch gro-
ßen Wurf niedergeschlagen hat. Der
Roman, der Ostfriesland in seinem
Wesen und seinem Reichtum an
Geschichten wirklich erfassen würde,
ist noch ungeschrieben. Fritz Reuters
Niederdeutsch-Epos „Ut mine Strom-
tid" (hochdeutsch: „Das Leben auf dem
Lande") ist Mecklenburg zuzurechnen;
Theodor Storms Erzählungen („Der
Schimmelreiter") sind in Nordfriesland
entstanden; das Werk Wilhelm Raabes

Die Kultivierung der Moore mit Hilfe von Fehnen erlernten die Ostfriesen von den Holländern: Ein Kanal wurde ins Moor gegraben, und im Moor ein ganzes Netz kleinerer Kanäle („Wieken") angelegt. So konnte der Torf abgebaut und abtransportiert werden. Der solcherart „kolonisierte" Boden wurde landwirtschaftlich genutzt. Die erste Fehnsiedlung in Ostfriesland, Großefehn (unser Bild), wurde 1633 von vier Emder Bürgern gegründet.

(„Der Hungerpastor") hat in Ostfalen, an der Weser, seinen Ursprung.

Auch aus den alten Zeiten: Nichts ragt herüber, was von Bedeutung wäre. Dabei hatte insbesondere der Mensch des Mittelalters ein großes Bedürfnis, seine starre Arme-Leute-Welt mit blühenden, traumhaft-überhöhten Geschichten aufzubrechen. Die Artus-Sage ist so eine Geschichte, aber sie stammt aus Frankreich. In ihrer Nachfolge entstand der „Parzival" des Franken Wolfram von Eschenbach. Beides waren höfische Heldengedichte. Dergleichen war auf den kleinen Warfen wohl unvorstellbar . . .

Anzunehmen ist aber auch, daß unter dem Vorrang des Landesschutzes nicht nur das Streben nach Reichtum verpönt war; auch Bemühungen kultureller Art waren nicht immer und überall gelitten.

Und noch etwas kommt hinzu: Für den Ostfriesen früherer Generationen, der zumeist an einem Ort aufwuchs, lebte und starb, dem sich, in einem Wort, nicht viel veränderte während seines irdischen Daseins, war die Umgebung wie ein Wald aus lauter Merkzeichen: Jedes verwies auf einen Tag

oder ein Geschehnis seines Lebens. Sich zu erinnern, hatte er kaum nötig; alles erinnerte ihn . . .

Das hat sich inzwischen gründlich geändert. Sich zu erinnern, ist notwendig geworden in einer Welt, die sich, selbst in Ostfriesland, schnell und schneller wandelt. Das Plattdeutsche ist längst nicht mehr unangefochten die Muttersprache eines jeden Ostfriesen. Im Zeitalter des Fernsehens und der Hochleistungsschule wird schriftdeutsch gesprochen. Erst spät, auf der Schwelle zum Erwachsenwerden, entdecken Ostfrieslands Jugendliche heute „ihre" Sprache wieder. Aber nicht alle. Viele haben jegliches Interesse verloren. Immerhin, gerade diese Gefährdung könnte als Herausforderung begriffen werden. Was das Plattdeutsche zu seinem Erhalt braucht, ist gute plattdeutsche Literatur. Vielleicht gelingt er im Zeichen des Niedergangs: der große ostfriesisch-plattdeutsche Roman!

Romantik und Ostfriesland. Da müssen wir auch auf Klaus Störtebeker zu sprechen kommen und all' die anderen Seeräuber, Likedeeler, Vitalienbrüder. Es waren Leute nach dem Geschmack des Volkes, kein Zweifel, und das ist der Grund, warum sich die Legenden üppig und schönend um ihre Taten

Zu den achtzig wertvollsten Quadratmetern zwischen Dollart und Jadebusen muß man aufblicken: An der Renaissance-Decke im Herrensaal des Schlosses von Jever schnitzten Heinrich Hagart und seine Gehilfen vier Jahre lang – von 1560 bis 1564. Von dem großen Gemälde rechts schaut die russische Kaiserin Katharina II., die ab 1793 Jever für einige Jahre ihr eigen nennen durfte. Vollendet wurde das Schloß 1505 von Edo Wiemken (dem jüngeren), dessen stand- und wehrhafte Tochter Maria ihm ein gewaltiges Denkmal aus Holz und Marmor (linkes Bild) errichten ließ. Als Erbauer gilt abermals Heinrich Hagart.

ranken wie Efeu um einen ollen Kirchturm. Störtebeker & Co., sie nahmen den Reichen und gaben den Armen. Sie stifteten Kirchenfenster und tonnenweise Heringe und Brot, wenn auch nicht in Ostfriesland, so doch in Verden an der Aller. Sie machten sich zu „aller Welt" (sprich: der Reichen) Feind, blieben aber „Gottes Freund"; denn Gott ist mit den Armen. Störtebeker & Co. wären eine prima Geschichte nach romantisch-ostfriesischem Herzen –, sofern die Legenden nur halbwegs stimmten! Sie tun es nicht, weshalb wir von falscher Romantik sprechen müssen.

Seeräuber an buchten- und also schlupfwinkelarmen Küsten handelten ungern auf eigene Rechnung. Sie ließen sich lieber anheuern. Das brachte zwar weniger Gewinn, dafür den Vor-

Wenn die Kirschen blühen: die Sjutsche Mühle in Wittmund.

teil, im Falle eines Falles beim Auftraggeber Schutz zu finden. Als sich in der zweiten Hälfte des vierzehnten Jahrhunderts Königin Margaretha von Dänemark in der Ostsee breitmachte, dabei einer jungen, aufstrebenden Wirtschaftsgemeinschaft namens „Hanse" in die Händel pfuschte, überdies Schweden besetzte und den schwedischen König und mecklenburgischen Herzog Albrecht festsetzte, schien es ebenso billig wie geboten, daß sich die Hanse, voran Rostock und Wismar, der Seeräuber bediente. Sie sollten auf alles Jagd machen, was dänisch war. Und sie sollten das noch freie Stockholm mit Viktualien (Lebensmitteln) versorgen; daher die Bezeichnung „Vitalienbrüder".

Die Seeräuber erfüllten ihre Aufgabe so trefflich, daß sie, nach erfolgtem Friedensschluß, arbeitslos wurden. Aber nur kurz. In Ostfriesland fanden sie neue Dienstherren. Es war ein „Häuptling auf Abruf", der sich mit Hilfe der Seeräuber zum Häuptling auf Lebenszeit, wenn nicht Herrscher über Ostfriesland aufschwingen wollte. Sein Name: Widzelt tom Brok. Widzelt war unehelicher Sohn von Ocko tom Brok, zu dem neben anderem auch dies überliefert ist: Im sonnigen Königreich Neapel stand er gerade in Ritter- und Minnediensten freudig seinen Mann, als er in die kalte Heimat beordert wurde, das Erbe der tom Broks anzutreten. Das muß ihn dermaßen verdrossen haben, daß er fortan seine Nachbarn mit wilden Kriegs- und Eroberungszügen in Atem hielt. Ocko starb, 1391, wie Häuptlinge der Nach-Upstalsboom-Ära zu sterben pflegten: gewaltsam nämlich; er wurde hinterrücks erstochen.

Gleichwohl wäre Widzelts Erbe ein stattliches gewesen: Auricher- und Brokmerland zählten dazu, ebenso

schen Koggen auf der Osterems gestellt und geschlagen. Katzenfreundlich empfing Propst Hisko die Sieger: Seeräuber in Emden? Nie gesehen!

Aber das Kapern fremder Schiffe ward den Ostfriesen so zur Gewohnheit, daß immer neue Straf-Expeditionen, zumal aus Hamburg, entsandt werden mußten. Besonders der Emder Imel und der Rüstringer Sibet erwiesen sich als unverbesserliche Bösewichte. Hamburg nahm vorsichtshalber ganz Ostfriesland unter seine Fittiche (bis ins Jahr 1439).

Störtebeker und Co., die legendären, erlebten von alledem nichts mehr. Störtebeker war 1401 vor Helgoland, sein Kumpan Gödeke auf der Weser gefangen worden. Beide wurden sie in Hamburg ganz unromantisch geköpft.

Teile des Mormer-, Lengener- und Overledingerlandes. Doch als unehelicher Sohn würde er es alsbald an Keno, den noch unmündigen ehelichen Sohn Ockos abtreten müssen. Das mußte verhindert werden!

Eine Horde Seeräuber in Widzelts Diensten sahen indes die übrigen Häuptlinge als Bedrohung; und schon schraubte sich die innerostfriesische Rüstungsspirale: Hisko, Propst und Häuptling zu Emden, Enno Edzardisna von Norden, dessen Bruder Haro von Greetsiel, Enno Haytadisna von Larrelt, Edo Wiemken, Häuptling von Rüstringen, Folkmar Allena von Osterhusen, sie alle bewaffneten sich mit

Seeräubern. Nun waren Seeräuber keine regulären, geschweige denn zu regulierende Truppen. Auf dem Lande plünderten sie, auf See kaperten sie. Unkontrollierbar. Ein scharfer, anarchischer Wind durchzog das Land, woran auch der – natürlich unnatürliche – Tod Widzelts nichts änderte; 1399 wurde er in der Kirche von Detern erschlagen.

Mit seiner Seeräuberei schuf Ostfriesland sich selbst den mächtigsten Gegner: die Hanse. Der Ost-West-Verkehr in Richtung des Welthafens Brügge war nachhaltig gestört. Da mußte für Ordnung gesorgt werden wie einst auf der Ostsee. Anfang Mai 1400 wurden die Seeräuber von hansi-

**Wilhelmshaven: „Erste Einfahrt"
(oben links) und
Kaiser-Wilhelm-Brücke.**

VIERTES KAPITEL

Spieglein, Spieglein…

WIR SASSEN in einem Café in Neuharlingersiel, und da wir einen Fensterplatz ergattert hatten, konnte der Blick ungehindert hinunter in den kleinen Hafen schweifen, wo sich die Kutter in sonntäglichem Stillstand aneinanderschmiegten. Es war ein Bild des Friedens.

„Ein Postkartenmotiv", wagte ich zu bemerken, wohl wissend, daß meine Gesprächspartnerinnen empfindlich schon für den leisesten Abstrich an ihrem über alles geliebten Ostfriesland waren.

Aber das Postkartenmotiv ließen sie sich gefallen.

Das Dorf Werdum im Zentrum des Harlingerlandes. Als im Dreißigjährigen Krieg die Truppen des Grafen Mansfeld die Burg Edenserloog bei Werdum belagerten, rettete man sich buchstäblich mit dem letzten Schinken: Er wurde auf eine Stange gespießt und demonstrativ vorgezeigt. Die Feinde hielten das für ein Zeichen unerschöpflicher Vorräte und zogen entmutigt ab.

Auf dem Tisch thronte der Treckpott auf einem Stövken aus blankem Messing. Das Teelicht kuschelte sich darunter, als ob es seinerseits von der Kanne erwärmt werden müßte. Etta reichte noch einmal Kandis herüber, und ich nahm mir mit dem Roomlöffel

dickflüssige Sahne dazu: „Is doch'n krömig Köpke!"

Wir hatten bis dahin über vergleichsweise belanglose Themen gesprochen, dies aber mit einem Ernst, wie er nur aus Stunden des Müßiggangs erwächst. Etta, obschon selbst noch bar jeder Ehe-Erfahrung, äußerte die Ansicht, daß es für eine Frau aus Deutschland nicht ohne Risiko sei, einen Ostfriesen zu heiraten und zu glauben, sie könne mit ihm bis ans Ende ihrer Tage in, sagen wir mal, Berlin oder Stuttgart leben.

„Einen Ostfriesen", sagte sie überzeugt, „wird es immer in seine Heimat ziehen. Er kann gar nicht anders. Wenn er alt wird, kehrt er wieder an die Stätten seiner Kindheit zurück."

Ihre Zwillingsschwester Tetta warf
daraufhin die Frage auf, ob das wohl
umgekehrt auch gelte, ob auch Ostfriesinnen jenen Drang zurück verspürten,
und vor allem: Ob sie ihm genauso be-
dingungslos nachgäben . . .

Für Etta war das keine Frage. Erstens, erklärte sie, würde sie niemals
einen Deutschen zum Mann nehmen,
zweitens könnte sie niemals aus Ostfriesland fortziehen.

„Nicht mal nach Oldenburg!" sagte
sie. Und nahm noch etwas Tee.

Tetta fand, ich erinnere mich nicht
mehr wie, den Übergang zu einer Be-
trachtung über die Schönheit friesischer Frauen: Ihr blondes Haar, ihre
blauen Augen, ihr gesittetes (ja, so
sagte sie) und milde-zurückhaltendes
Wesen. Im gleichen Atemzug aber
räumte sie ein, daß die ostfriesische
Gesellschaft als Ganzes vielleicht gerade aus diesem Grunde eine noch sehr
patriarchalische Gesellschaft sei.

„Hier haben doch überall noch die
Männer das Sagen", meinte sie, „ich
glaube, daß ist hier viel schlimmer als
im Bundesgebiet."

Die malerische Krummhörn im Westen Ostfrieslands wird noch weitgehend von der Landwirtschaft geprägt. Erhalten hat sich auch das Bild mancher alter Rundwarfendörfer. Links: Rysum. Groothusen (oben) steht dagegen auf einer Langwarf und war schon im frühen Mittelalter ein bedeutender Handelsplatz.

Ich wandte ein, daß wir in Deutschland wohl überhaupt noch ein gutes Stück von beispielsweise britischen Verhältnissen entfernt seien – mit einer Frau als Staats- und Kirchenoberhaupt, mit einer Frau als Regierungschefin.

„Dergleichen", sagte ich, „ist bei uns vorläufig kaum vorstellbar."

Wir vertieften uns in unsere winzigen Teetassen, was für einen Ostfriesen gewöhnlich die beste Gelegenheit ist, eine stille und einsame Insel in seinem Ich aufzuspüren und einige Augenblicke wortlos zu verweilen.

Völlig ohne Not durchbrach ich dieses Schweigen, indem ich aufseufzend feststellte:

„Wundervoll, so ein Tee! Für mich ist das hier Ostfrieslands schönster Brauch . . .“

Hätte ich bloß den Mund gehalten!

Etta nahm den Treckpott vom Stövken und schüttete nach. Sie lächelte geheimnisvoll, wie von einem spitzbübischen Gedanken erhellt.

Sie sagte: „Weißt du, was mich einmal interessieren würde: Was deiner Meinung nach das Schönste und Beste an Ostfriesland ist? Jetzt sag' nicht wieder Teetrinken! Ich meine, was ist die schönste Gegend, die reizvollste Stadt, die beste Insel?“

Ich muß wohl ziemlich verdutzt geguckt haben. Jedenfalls legte Tetta begütigend ihre Hand auf meine und sagte:

„Du mußt dich nicht wundern: Das ist seit neuestem Ettas Lieblingsspiel.“
„So?“ machte ich.

„Es heißt ‚Spieglein, Spieglein‘“, erklärte Tetta, die ihren Spaß an der Sache hatte und treuherzig wichtig tat, „Etta fordert jeden heraus, dessen sie habhaft werden kann. Und mach' dir keine Illusionen – sie gewinnt immer! Du kannst der felsenfesten Überzeugung sein, das Rheiderland sei Ostfrieslands schönste Ecke – Etta wird dir wortreich darlegen, um wieviel schöner doch das Harlingerland ist, bis es dir selbst vorkommt wie ein zweiter Garten Eden! Du kannst tausend gute Argumente beispielsweise für den großartigen Norder Marktplatz vorbringen – Etta wird dich überzeugen,

Ein Schöngeist und gesellschaftlicher Außenseiter, Edzard-Mauritz Graf zu Inn- und Knyphausen, legte Ende des achtzehnten Jahrhunderts einen der schönsten Landschaftsgärten Deutschlands an: den Lütetsburger Schloßpark, zwischen Norden und Hage gelegen. Das Wasserschloß im Zentrum ist neueren Datums. 1893 und 1956 brannten zwei ältere Schlösser an gleicher Stelle ab.

daß der Wittmunder Marktplatz eigentlich noch großartiger ist!“

Daher wehte der Wind . . . Natürlich: Die Zwillinge kamen aus Wittmund. Sie mochten begeisterte Ostfriesinnen sein, aber an ihrem Lokalpatriotismus trugen sie mindestens genauso schwer. Denn das ist des Ostfriesen Dilemma: Zum ersten ist er ein überzeugter Norder oder Leeraner oder Langeooger, zum zweiten ist er ein nicht weniger überzeugter Norderländer, Moormerländer, Insulaner, und zum dritten ist er – irgendwie über dem Vorhergesagten schwebend und gleichzeitig in allem enthalten – ein überzeugter Ostfriese.

Viertens mag er auch ein überzeugter Deutscher sein, aber das tritt höchstens bei der Fernsehübertragung von Fuß-ball-Länderspielen deutlicher zutage. Eins aber ist er nicht, jedenfalls nicht feststellbar: überzeugter Gesamtfriese. Bei letzterem handelt es sich um eine Kunstschöpfung aus der Nachkriegs-zeit, an welcher Kulturfunktionäre ihre wortreiche Freude haben, die aber in der Bevölkerung keinen Widerhall fin-det.

Etta und Tetta kamen aus Wittmund, somit aus dem Harlingerland, und ich verspürte nicht die geringste Lust, mit ihrer Heimatliebe zu wetteifern.

„Wenn ich euch beide so anschaue", witzelte ich, „dann weiß ich, was das Schönste an Ostfriesland ist . . ."

Etta gab sich mächtig enttäuscht. Auch mein Einwand, jedes absolute Urteil zeuge nur von der Unkenntnis einer anderen und besseren Möglich-keit, weswegen es niemals ratsam sei zu behaupten, dieses oder jenes sei das Schönste oder Beste, stellte sie nicht zufrieden.

„Man kann es sehr wohl sagen", be-hauptete sie, „es ist dann eben ein ganz persönliches Urteil wie jedes Ge-schmacksurteil . . . Und du bist ein Spielverderber!"

Also gut, ich griff Tettas Beispiel vom Norder Marktplatz auf. Das sei, führte ich aus, unwiderlegbar der schönste, größte, interessanteste Marktplatz in Ostfriesland, wenn nicht in ganz Nord-deutschland. Und als ob ich es bewei-sen müßte, erwähnte ich die Ludgeri-kirche mit ihrem verwunschenen, parkähnlichen Friedhof, erwähnte die üppigen Wochen- und noch üppigeren Jahrmärkte, die in Ostfriesland ihres-gleichen nicht finden, erwähnte das schmucke Gebäude der Mennoniten-kirche und noch drei oder vier andere

Auf dem Burggraben wacht ein weißer Schwan, vor dem Eingang lauern zwei steinerne Löwen. Und doch ist das Dornumer Schloß ein gastlicher Ort, wo des sommers festliche Konzerte stattfinden. Enno Hektor, der Dichter des Ostfriesen-Liedes („In Ostfreesland mag ik wesen/anders nargens leefer wesen"), wurde 1820 in Dornum geboren.

stattliche historische Bauten und fragte, wie, um alles, das Wittmunder Pendant dagegen konkurrieren wolle.

„Zum Wittmunder Marktplatz", sagte ich, „fallen mir nur immer ein paar künstliche Schafe ein, die ausge-rechnet vor dem Eingang zur Stadt-halle dösen."

„Siehst du!" rief Etta triumphierend: „Du hast keine Ahnung! Wo heute die

tik! Man wollte die 1884 von den Preußen eingeführte kommunale Selbstverwaltung sinnfällig umsetzen, und so wurde das Versammlungszimmer zur beherrschenden Mittelachse des gesamten Gebäudes . . ."

Einen Moment lang hing ich der Überlegung nach, welcher politischer Gedanke wohl in dem protzig-verschwenderischen Glaspalast des Auricher Kreishauses seinen sinnfälligen Ausdruck gefunden habe . . . Aber da ich mich durch Ettas Worte keineswegs widerlegt fühlte, stichelte ich behutsam weiter in ihr Harlinger Selbstbewußtsein. Immerhin hatte sie es so gewollt.

„Ostfriesland", sagte ich, „ist so reich an außergewöhnlichen historischen Persönlichkeiten. Bloß unter den Harlingern sieht's ein bißchen dünn aus . . ."

Wenn der Sturmwind bläst: Überschwemmung auf Norddeich-Mole.

Stadthalle steht, war früher der Schafmarkt. Deshalb haben die Schafskulpturen durchaus ihren Sinn. Und das Gelände gleich nebenan hieß früher Ammermarkt. Warum? Dort standen die Händler aus dem Ammerland und boten Holzerzeugnisse an, die bei uns im holzarmen Ostfriesland Mangelware waren: Karren, Wagen, Truhen und so weiter. Die Hauptfläche aber bildete ein dritter Markt, der Vieh und Pferdemarkt! Er wurde in dem Bereich abgehalten, wo später auch das Kreishaus gebaut wurde. Und damit hat es ebenfalls eine besondere Bewandnis: Es ist ein Stück steingewordener Poli-

Norddeichs Original: Seebär Jonny von der Ohe

Auf einem Groden, dem Meer abgewonnenes Land, entstand ab 1729 Carolinensiel (Vordergrund). Die Häuser mußten, was damals Vorschrift war, schnurgerade in der Reihe stehen. Neues Land wurde hinzugewonnen, neue Deiche wurden gezogen: Heute ist Harlesiel (oben) Ausgangspunkt für Fahrten nach Wangerooge.

„Ich bitte dich", rief Etta in geradezu freudiger Empörung, „der profilierteste von allen kam aus dem Harlingerland – aus Esens!"

Ich schüttelte verständnislos den Kopf.

„Ich spreche von Junker Balthasar, unserem letzten Häuptling!" Etta befand sich eindeutig auf der Siegesstraße. Ein unbedachtes Widerwort von mir – und sie würde mich erledigen . . .

„Balthasar . . .", grummelte ich, „aber das war doch ein schrecklicher Wüstling, ein Brandschatzer und ein später Seeräuber noch obendrein."

„Er liebte sein Land", meinte Etta kühl, „und er verteidigte es mit allen Mitteln."

Wo sich das Hohenstief gegenüber der Vogelinsel Mellum in die Jade ergießt, hat sich ein altes Sielnest zu einem modernen Kurort gemausert: Horumersiel mit seinem Boots- und Jachthafen und einem grünen Badestrand. Dafür verfügt Schillig, gleich nebenan, über einen großen Sandstrand, wie auch das etwas südlicher gelegene Hooksiel. Ostfrieslands Ostküste ist mit Badeorten reich bestückt. Hooksiel ist auch ein Trainings- und Erholungszentrum für Trabrennpferde. Ein oder zweimal im Sommer werden Pferderennen ausgetragen.

„Ach", sagte ich, „deshalb machte er wohl alles nieder, was ihm in den Weg kam? So wichtige strategische Punkte wie das Kloster Marienthal und die Andreaskirche in Norden, die noch größer war als Ludgeri? Die Klöster Sielmönken, Diekhausen, Apping in der Krummhörn? Noch 1536 fing dein famoser Balthasar einen neuen Kaperkrieg auf See an. Was hat das mit Landesverteidigung zu tun? Einmal sollen die Esenser ein ganzes Schiff voll Zukker aufgebracht haben, 182 Kisten Zukker . . ."

„Es wurde alles unter die Bevölkerung verteilt", sagte Etta, als ob sie dem Piratenstück damit ihren Segen geben wollte.

„Aber Balthasar wurde geächtet", sagte ich.

„Wenn schon", meinte Etta, „keiner traute sich, die Acht zu vollziehen."

„Balthasar", beharrte ich, denn diesen Burschen konnte man jetzt genauso wenig davonkommen lassen wie zu seinen Lebzeiten, „möchte ich sogar die Schuld dafür geben, daß Ostfriesland und Jeverland sich aufspalteten. Als er nämlich erfuhr, daß das Fräulein Maria aus Jever sich in den Boying von Oldersum verliebt hatte, ließ er seinen Obersten mit dem bezeichnenden Namen Dirk von Groll sengend und brennend durchs Jeverland ziehen. Und den Boying soll er eigenhändig umgebracht haben. Kein Wunder, daß Maria es bald mehr mit den Oldenburgern als mit den Ostfriesen hielt . . ."

„Vermutlich war er eifersüchtig, der arme Kerl", wandte Etta ein. Aber ihr Verständnis klang ein wenig kleinlaut.

„Hört bloß auf, ihr zwei!" – Tetta, die sich aus unserem Disput herausgehal-

Jeverland samt Butjadingen einst das siebente der friesischen Seelande gebildet hatte; daß, mit anderen Worten, Ostfrieslands Ostgrenze keinesfalls zwischen Wittmund und Jever verlaufe, sondern weit darüber hinausreiche, geographisch bis an den Jadebusen, historisch gar bis nach Butjadingen, das vor Entstehung der Jadebucht fest mit Ostfriesland verbunden war.

Wir kamen auf die jeverschen Pütten (Brunnen) zu sprechen, aus denen sich seit alters her vorzügliches Bier brauen ließ, und wie sich diese Tradition auch heute noch in Jever, wenngleich im zeitgemäßen Rahmen einer weltbekannten Großbrauerei, erhalten habe.

Auch in Norden wurde einst buchstäblich an jeder Straßenecke Bier gebraut, doch nahm diese Tradition, wie auch anderswo in Ostfriesland, im 18. Jahrhundert ein allmähliches Ende, als sich die Ostfriesen mit dem (über Holland aus Sumatra eingeführten) Tee anfreundeten. Der Tee erwies sich dabei als wahrhaftiges Heilmittel, denn der Alkoholismus in Ostfriesland muß schlimm gewesen sein. So nimmt es auch nicht wunder, daß der Rat der Stadt Norden mit dem Erlös aus dem Abbruch des letzten erhalten gebliebenen Turmes der Andreaskirche, 1721, nichts Besseres anzufangen wußte, als ihn in fröhlicher Runde im Weinhaus zu . . . versaufen.

Tetta verwies auf die eigentümliche Stellung von Aurich innerhalb Ostfrieslands, und das, wie sie sagte, „nicht nur, weil Aurich eine Zeitlang Hauptstadt sein durfte".

Während an der Stelle des heutigen Leer der Missionar Ludger schon im achten Jahrhundert eine Kapelle baute, während Emden, wie ein Münzfund

ten hatte, obwohl sie sich, wie ich verschiedentlich aus anderem Anlaß bemerkt hatte, in geschichtlichen Fragen viel besser auskannte als ich oder ihre Schwester, hatte genug von dem seltsamen Spiel und lenkte das Gespräch in ruhigere Bahnen.

Was Jever anbetraf, bedauerten wir bald in schöner Übereinstimmung, wie doch jahrhundertelange Neckereien es fast hätten vergessen lassen, daß das

Die Kutter liegen nicht nur als malerisches Fotomotiv im trauten Hafen von Neuharlingersiel. Hier läuft die Fischerei noch auf vollen Touren. Vor einigen Jahren wurden sogar Austern im Watt gemästet. Sie schmeckten vorzüglich, aber die Mast wurde eingestellt: Das Verfahren war zu aufwendig.

verrät, um das Jahr 1000 bereits unter dem Namen „Amuthon" bekannt ist, während Norden 1255 schon als Stadt (und damit als erste Stadt in Ostfriesland) Erwähnung findet, ist von Aurich noch nicht viel zu sehen. Ein oldenburgischer Graf hatte eine Kirche errichten lassen, das ja, aber es war dies ein eher mutwilliges Unterfangen (denn Kirchen wurden, wie Burgen, auch aus politischem Kalkül gebaut).

Diese Kirche aber wird für die umliegenden Dörfer, wohl weil sie so schön zentral liegt, zum Anziehungspunkt; und der Vorteil seiner geographischen Mittellage gereichte dem langsam wachsenden Kirchdorf auch weiterhin zum Segen. Rechten Aufschwung nahm der Ort, als er 1561 – seiner Lage wegen – zur festen Residenz des Hauses Cirksena wurde. Allerdings konnten sich die Bürger unter der Last des Zepters niemals so hoher städtischer Freiheit erfreuen wie beispielsweise die benachbarte Handelsstadt Emden oder das so häufig gegen Emden konkurrierende Leer. Der Stadtschlüssel befand sich in Aurich nicht in den Händen des Bürgermeisters, sondern auf dem Schloß. Sonderlichen Glanz verbreitete der Hof nicht. Es ging derb und rustikal zu. Einzelne Kapitel aus den Strafgesetzen muten aus heutiger Sicht wie Scherzartikel an. Geahndet wurde unter anderem folgender „Bruch": „Schenket man enen Pisse voor Beer = zwei Schillinge".

Zucht und Ordnung brachte erst Friedrich der Große in die Stadt, als er 1744 das Erbe der Cirksena antrat. (So ganz beabsichtigt hatte er das eigentlich nicht; ursprünglich wollte er seine entlegene Westprovinz Ostfriesland für einen guten Preis verkaufen, zum Beispiel an Holland.) Das Gesicht Aurichs wandelte sich zum guten, auch

Ostfriesland hat immer namhafte Künstler angezogen. Klee malte auf Baltrum, Schmidt-Rottluff, Heckel und Radziwill zogen Dangast vor. In Greetsiel, das hier von dem Wiener Emil Rizek portraitiert wird, haben jedes Jahr während der „Greetsieler Woche" auch unbekanntere Leute die Chance, entdeckt zu werden.

wenn im wahrsten Sinne des Wortes nicht alles Gold war, was glänzte: So ließ Friedrich seine staatliche Falschmünzerei für ausländische Währungen in Aurich praktizieren. Hier, dachte er, würde ihm niemand auf die Schliche kommen. Was zutraf.

Tetta schob ihren Löffel in die Tasse, und wir taten desgleichen. Genug des Tees, genug von Ostfriesland. Es war ein schöner Nachmittag.

Inhalt

Wer fotografierte wo?

Seite 2–3: Otto Bernhard Lapann
Seite 4–5: Otto Bernhard Lapann / Hans Kolde
Seite 6–7: Hans H. Weißer
Seite 8–9: Hans Kolde
Seite 10–11: Hans H. Weißer (4)
Seite 12–13: Hans H. Weißer
Seite 14–15: Hans H. Weißer / Hans Kolde
Seite 16–17: Hans Kolde (2) / Hans H. Weißer
Seite 18–19: Paul–Anton Tepe (2)
Seite 20–21: Hans Kolde / Siegfried Wilke (3)
Seite 22–23: Siegfried Wilke / Hans Kolde / Otto Bernhard Lapann
Seite 24–25: Hans Kolde / Hans H. Weißer
Seite 26–27: Paul–Anton Tepe / Hans H. Weißer
Seite 28–29: Rudolf Strobel (2) / Hans H. Weißer
Seite 30–31: Hans H. Weißer (2)
Seite 32–33: Hans H. Weißer / Hans Kolde
Seite 34–35: Hans H. Weißer / Siegfried Wilke / Hans Kolde
Seite 36–37: Paul–Anton Tepe (2) / Alfred Hansla
Seite 38–39: Hans Kolde / Werner Hartig / Hans H. Weißer
Seite 40–41: Hans H. Weißer (2) / Hans Kolde
Seite 42–43: Hans Kolde / Hans H. Weißer
Seite 44–45: Paul–-Anton Tepe (2) / Hans Kolde
Seite 46–47: Hans Kolde / Werner Hartig
Seite 48: Otto Bernhard Lapann

Materialien zum Buch

Heinz Busching / Günter Luck / Manfred Temme: „Wanderungen auf Norderney“: C. Wolff, Flensburg
Jürgen Byl: „Moin!“, in „Ostfriesland“, 1982/2
Walter Deeters: „Kleine Geschichte Ostfrieslands“, Schuster, Lee.
Jan ten Doornkaat-Koolman: „Wörterbuch der ostfriesischen Sprache“, 1879–1884, Norden
Luise Hasbargen: „Die Ostfriesischen Inseln“, Bundesanstalt für Landeskunde und Raumforschung, Bonn
Hermann Homann: „Wangerooge“, F. Coppenrath, Münster
Moritz Jahn: Gesammelte Werke, Sachse & Pohl, Göttingen
Rainer Krawitz: „Ostfriesland“, DuMont-Landschaftsführer, Köln
Hajo van Lengen: „Der Upstalsboom“, in „Ostfriesland“, 1982/2
Anne Morrow Lindbergh: „Muscheln in meiner Hand“, Piper, München
Wiard Lüpkes: „Ostfriesisches Wörterbuch“, Schuster, Leer
Johannes Meyer-Deepen: „Schiffstragödie vor Spiekeroog“, Eigenverlag, Spiekeroog
Hans Nirrnheim: „Hamburg und Ostfriesland“, Meißner, Hamburg
Eberhard Rack / Hans Kolde: Luftbildatlas Ostfriesland, Soltau-Kurier, Norden
Heinz Ramm: „Wittmund“, Mettcker & Söhne, Wittmund / Jever
Friedemann Rast: „Das ‚Friesische Manifest‘ – kritisch betrachtet“, in „Nordfriesland“, November 1973
Siegfried Schunke: „Esens – vom Häuptlingssitz zum Küstenbadeort“, Kurverwaltung Esens-Bensersiel
Gerhard Siebels: „Führer durch Ostfriesland und seine Seebäder“, Nachdruck, Schuster, Leer
Wilhelmine Siefkes: „Keerlke“, Roman, Nachdruck, Schuster, Leer
Cirk Heinrich Stürenburg: „Ostfriesisches Wörterbuch“, 1857, Nachdruck, Schuster, Leer

✳

DIE LUFTBILDER in unserem Buch wurden von Hans Kolde aufgenommen und von der Bezirksregierung in Oldenburg unter den Nummern 115 / 1 / 86 bis 115 / 14 / 86 (fortlaufend) freigegeben.